Videokompressionsverfahren im Vergleich

Torsten Milde (Universität Mannheim) beschäftigt sich mit Themen der angewandten Mathematik, Rechnerarchitektur und digitalen Bildverarbeitung.

Torsten Milde

Videokompressionsverfahren im Vergleich

JPEG
MPEG
H.261
XCCC
Wavelets
Fraktale

dpunkt
Verlag für digitale Technologie GmbH
Heidelberg

Torsten Milde
e-mail: fm47@rummelplatz.uni-mannheim.de

Die Deutsche Bibliothek – CIP-Einheitsaufnahme
Milde, Torsten: Videokompressionsverfahren im Vergleich: JPEG, MPEG, H.261, XCCC, Wavelets, Fraktale / Torsten Milde. – 1. Aufl. – Heidelberg: dpunkt, Verl. für digitale Technologie, 1995
ISBN 3-920993-23-3

Copyright © 1995 dpunkt – Verlag für digitale Technologie GmbH
Ringstraße 19
69115 Heidelberg

ISBN 3-920993-23-3
1. Auflage 1995

Umschlaggestaltung: Helmut Kraus, Düsseldorf
Satz: Autor mit LaTeX2$_\varepsilon$
Copy-Editing: tech.doc Angelika Obermayr, Grafing bei München
Belichtung: Text & Grafik, Heidelberg
Druck und Bindung: Universitätsdruckerei H. Stürtz AG, Würzburg
5 4 3 2 1 0

Danksagungen

Mein Dank gilt dem Lehrstuhl für Praktische Informatik IV der Universität Mannheim unter Leitung von Prof. Dr. Effelsberg. Nur durch die Bereitstellung der technischen Ausstattung des Lehrstuhls war es möglich, die rechen- und speicherplatzintensiven Leistungstests durchzuführen.

Ausgangspunkt für dieses Buch ist meine Diplomarbeit an o. g. Lehrstuhl unter der Betreuung von Dipl.-Wirtsch.-Inf. Ralf Keller. Bei ihm möchte ich mich für die wertvollen Informationen und Diskussionen über alle in diesem Buch dargestellten Kompressionssysteme bedanken.

Dipl.-Math. Markus Kraft bin ich für seine Anregungen, die die Wavelet-Transformation betreffen, sehr dankbar.

Christine Klippel und ihrem Bruder Dipl.-Kfm. Markus Klippel danke ich für die wertvollen rhetorischen Tips und formale Überprüfung des Manuskripts.

Schließlich möchte ich noch die nette und unkomplizierte Zusammenarbeit mit dem Team des dpunkt-Verlags erwähnen.

Mannheim, im August 1995   Torsten Milde

Inhaltsverzeichnis

1 Einleitung

In diesem Buch werden die zum aktuellen Zeitpunkt gebräuchlichsten, sowie die sich in der Entwicklung befindenden Verfahren zur Kompression von digitalen Videos beschrieben und analysiert. Audio-Aspekte bleiben unberücksichtigt, deshalb werden die Begriffe Video, Bewegtbilder und Bildfolge synonym verwendet (obwohl umgangssprachlich unter Video häufig noch die zugehörigen Audio-Daten verstanden werden).

grundlegende Begriffsdefinitionen

Weiterhin sollen unter *Kompressionssystem* bzw. *Kompressionsverfahren* die theoretische Vorgehensweise, und unter *Codec* die Implementierung zur Codierung und Decodierung verstanden werden. Da alle Kompressionsverfahren auf mehr oder weniger effizienten Codierungsmethoden beruhen, wird im Rahmen dieses Buchs zwischen Kompression und Codierung nicht unterschieden.

Bevor die Gliederung des Buchs angegeben wird, eine Motivation zum Einsatz von Bildkompression und grundlegende Charakteristika von Bildkompressionssystemen:

1.1 Motivation und Charakteristika

Die Notwendigkeit von Kompressionsverfahren für den Umgang mit digitalen Videos ist nicht zu übersehen: Netzwerke, Festplattenkapazitäten und Bandbreite der Bussysteme sind dem Datenaufkommen bei unkomprimierten, digitalen Videos nicht gewachsen. Für die ruckfreie Wiedergabe eines digitalen Videos wird eine Bildfrequenz von mindestens 25 Bildern pro Sekunde benötigt. Selbst bei einer Auflösung von nur 352×288 Pixel pro Bild und einer Farbtiefe von 8 Bit pro Pixel (256 Graustufen) ergibt sich ein Datenaufkommen von über zwei Megabyte pro Sekunde (ohne Audiodaten). Unter Verwendung von TrueColor (24 Bit pro Pixel) verdreifacht sich das Datenaufkommen nochmals. Andererseits soll die Bearbeitung von digitalen Videos ermöglicht werden, da mittels Computer die Datenmanipulation vielfältig und benutzerfreundlich durchgeführt werden kann. Zudem ist eine Videosequenz, z. B. zur Einführung in die Bedienung eines Programms, häufig am besten verständlich.

Warum Videokompression?

Es hat sich schnell herausgestellt, daß *verlustfreie* Kompressionsverfahren für Übertragungsmedien mit geringer Bandbreite (z. B. ISDN mit 64 kBit/s pro B-Kanal) oder für Geräte mit geringem Datendurchsatz (z. B. Single-Speed-CD-ROMs, d. h. CD-ROMs mit einer maximalen Datenrate von 150 KByte/s) nicht ausreichend sind. Deshalb wird mit *verlustbehafteten* Kompressionsverfahren versucht, die für den Menschen kaum wahrnehmbare Information aus den Bilddaten zu entfernen und dadurch bessere Kompressionsraten bei gleicher Qualität zu erreichen. Ein Bearbeitungsschritt, in welchem Informationsverluste stattfinden, wird als *Quantisierung* bezeichnet.

Eine Möglichkeit zur Quantisierung: Ausnutzen der menschlichen Seheigenschaft

Allein durch die Wahl des Farbmodells zur Speicherung eines Bildes bietet sich eine effektive Quantisierungsmöglichkeit an: Der Mensch ist für Farbveränderungen weniger empfindlich als für Helligkeitsveränderungen. Deshalb werden in effizienten Bildkompressionssystemen häufig Farbmodelle eingesetzt, die zwischen Helligkeits- und Farbkomponenten unterscheiden. Ein Beispiel ist das YUV-Farbmodell, welches in der Y-Komponente die Helligkeitsinformationen und in den beiden anderen Komponenten die Farbinformationen vermerkt. Nun wird zur Darstellung jedes Pixels ein Helligkeitswert gespeichert, während für jeden 2×2-Pixelblock dieselben Farbwerte verwendet werden (vgl. Abbildung 3.2 auf Seite 32). Auf diese Weise besitzen die Farbkomponenten jeweils die halbe vertikale und horizontale Auflösung der Helligkeitskomponente; durch Ausnutzen der menschlichen Seheigenschaft wird das Datenaufkommen um die Hälfte reduziert, ohne sichtbare Qualitätseinbußen in Kauf nehmen zu müssen. Weitere Quantisierungsmöglichkeiten sind den Abschnitten 2.3.1.1 und 3.1 zu entnehmen.

Das YUV-Farbmodell bietet eine weitere positive Eigenschaft: Alle Kompressionsalgorithmen für Graustufenbilder können auf einfache Weise auf Farbbilder angewendet werden. Hierzu wird der Graustufen-Kompressionsalgorithmus auf die Y-Komponente und (eventuell etwas angepaßt) auf beide Farbkomponenten (U und V) angewendet. Sollten die Farbbilder im RGB-Farbmodell vorliegen, ist dies kein großes Hindernis, da eine invertierbare Abbildung zwischen den beiden Farbmodellen existiert (d. h. jedes Bild im RGB-Farbmodell kann im YUV-Farbmodell dargestellt werden und umgekehrt). Natürlich besitzt nicht jedes Farbmodell genau drei Komponenten; Farbdrucker arbeiten z. B. häufig mit dem CYMK-Farbmodell (Cyan, Gelb, Magenta und Schwarz).

In Bildfolgen ist es häufig der Fall, daß sich aufeinanderfolgende Bilder nur wenig unterscheiden (bei einem Fußballspiel ist der Hintergrund zwischen zwei aufeinanderfolgenden Bildern weitgehend identisch, während sich ausschließlich die Position der Spieler und des Balls ändern). Man spricht hier von *zeitlicher Redundanz*. Bildkompressionsverfahren, die zeitliche Redundanzen ausnutzen, berücksichtigen Informationen mehrerer Bilder und werden als *Interframe*-Verfahren bezeichnet. Sie codieren beispielsweise mittels Differenzbilder oder Bewegungsvektoren. Verfahren, die digitale Videos komprimieren ohne zeitliche Redundanzen auszunutzen, codieren *intraframe*. Offensichtlich kann jedes Kompressionsverfahren für Einzelbilder als intraframe-codierendes Bewegtbildverfahren aufgefaßt werden, indem das Verfahren auf jedes einzelne Bild des Videos angewendet wird.

Je nach Anwendungsgebiet eines Bildkompressionssystems sind die Rechenzeiten zur Codierung und/oder Decodierung wichtig. Zur angenehmen Arbeit mit einer Dialoganwendung sollte der Prozeß der Codierung und Decodierung die Zeitspanne von 150 ms nicht überschreiten, da der Benutzer ansonsten verzögerte Reaktionen bemerkt. Verfahren, die diese Bedingung erfüllen, arbeiten in *Echtzeit*. Für Videokonferenzsysteme ist diese Charakteristik offensichtlich sehr wichtig. Dauern Codierung und Decodierung ungefähr gleich lang, spricht man von einem *symmetrischen* Verfahren. Benötigt die Codierung wesentlich länger als die Decodierung, ist das Verfahren *asymmetrisch*. Asymmetrische Verfahren machen immer dann Sinn, wenn die Bilder nur einmal codiert und ansonsten ausschließlich decodiert werden müssen. Als Anwendungsbeispiel denke man an digitale Lexika.

Eine Eigenschaft von Bildkompressionsverfahren, die immer mehr an Bedeutung gewinnt, ist die *Skalierbarkeit*. Dies bedeutet, daß alle Bilder in mehreren Auflösungen vorliegen und deshalb ohne Mehraufwand auf Geräten, die verschiedene Auflösungen benutzen, ausgegeben werden können. Beispiele hierfür sind Monitor und Drucker, welche typischerweise mit 72 und 300 dpi arbeiten, oder der Wunsch nach Vollbilddarstellung eines Bildes, unabhängig von der Wahl der Graphikkartenauflösung.

Tabelle 1.1 faßt die eben beschriebenen Charakteristika von Videokompressionssystemen zusammen. An dieser Stelle sei bemerkt, daß ein Kompressionsverfahren mehrere der aufgeführten Charakteristika unterstützen kann. Es existieren sogar Kompressionsverfahren, die verlustlose und verlustfreie Techniken miteinander verbinden (z. B. hierarchische JPEG-Verfahren).

1.2   Gliederung

Das erste Ziel ist die detaillierte und verständliche Beschreibung der sechs Kompressionssysteme XCCC, H.261 (px64), JPEG und MPEG-1, sowie die sich noch in der Entwicklung befindende Kompression mit Wavelets und Fraktalen. Hierzu werden im zweiten Kapitel grundlegende Codierungstechniken der Bildkompression erläutert.

Kapitel 2 und 3: Darstellung der Kompressionssysteme

Charakteristik	Erläuterung
verlustfrei	Ausgangsdaten sind vollständig rekonstruierbar.
verlustbehaftet	nicht verlustfrei
intraframe	Zeitliche Redundanzen zwischen zu codierenden Bildern bleiben unberücksichtigt.
interframe	Zeitliche Redundanzen zwischen zu codierenden Bildern werden berücksichtigt.
symmetrisch	Codierung und Decodierung sind ungefähr gleich schnell durchführbar.
asymmetrisch	Codierung benötigt wesentlich mehr Zeit als Decodierung.
Echtzeit	Verzögerung durch Codierung und Decodierung ist kleiner als 150 ms.
skalierbar	Bilder liegen codiert in mehreren Auflösungen vor.

Natürlich ist es im Rahmen des Buchs nicht möglich, alle bekannten Techniken zur Bildkompression darzulegen (so wird z. B. auf Vektorquantisierung nicht eingegangen); es werden ausschließlich die in den sechs Kompressionssystemen verwendeten Techniken beschrieben. Auf diese Weise erhält der Leser einen Überblick der zum aktuellen Zeitpunkt populärsten Grundtechniken.

Die Beschreibung der sechs Kompressionssysteme erfolgt im dritten Kapitel.

Kapitel 4:
praktische
Leistungsanalyse

Das zweite Ziel – und Thema des vierten Kapitels – ist die Durchführung und Analyse der praktischen Leistungstests von H.261, JPEG und MPEG-1, um diese bezüglich Kompression und Qualität zu analysieren. Von den praktischen Leistungstests wurden die anderen drei Verfahren ausgeschlossen, weil (noch) keine objektiven Vergleichsmöglichkeiten vorhanden sind. Man bedenke hierbei z. B., daß H.261, JPEG und MPEG-1 bereits standardisiert sind, während sich die Kompression mit Wavelets in der Entwicklungsphase befindet.

Kapitel 5:
Zusammenfassung und
Ausblick

Kapitel 5 beschließt mit der Zusammenfassung aller wichtigen Ergebnisse dieses Buch und gibt einen Ausblick auf zukünftige Entwicklungen im Bereich der digitalen Einzel- und Bewegtbildkompression.

2 Grundlagen

Dieses Kapitel erläutert in Bildkompressionssystemen häufig verwendete Codierungstechniken. Dazu empfiehlt sich die grobe Unterteilung der Codierungstechniken in folgende drei Kategorien (vgl. [Stei1, S. 168]):

Kategorisierung von Codierungstechniken

(1) *Entropie-Codierung* ist die Beschreibung für verlustfreie Techniken, die die Ausgangsdaten zeichenweise codieren und dadurch eine Kompression erreichen.

(2) *Source-Codierung* hat zum Ziel, die Ausgangsdaten so zu bearbeiten, daß eine Trennung zwischen relevanten und irrelevanten Daten möglich wird. Sie ist – im Gegensatz zur Entropie-Codierung – nicht immer verlustfrei. Der Kompressionseffekt wird bei diesen Verfahren durch anschließendes Entfernen der unwichtigen Daten erreicht (Quantisierung), was immer zu Verlusten führt.

(3) *Hybrid-Codierung* verwendet Techniken der Entropie- und Source-Codierung. In der Regel dient der durch die Source-Codierung erzeugte Datenstrom als Ausgangsdatenstrom der Entropie-Codierung.

Tabelle 2.1 enthält Beispiele für diese drei Codierungskategorien, die in diesem und im folgenden Kapitel näher erläutert werden sollen.

2.1 Einführung in die Codierungstheorie

Um den Begriff der Entropie verstehen zu können, ist ein Einblick in die Codierungstheorie unerläßlich. Ausgehend von den dadurch erhaltenen Hilfsmitteln wird es im Abschnitt 2.2 möglich, die Effizienz verschiedener Entropie-Codierungen zu bewerten.

2.1.1 Bezeichnungen und Definitionen

Eine *Codierung* entspricht der Abbildung einer Folge von Eingabezeichen auf eine (kürzere) Folge von Ausgabezeichen. Dabei kommen

Tabelle 2.1

Kategorisierung von Codierungstechniken

Kategorie	Beispiel	verlustfrei
Entropie-Codierung	Lauflängen-Codierung	ja
	Huffman-Codierung	ja
	Arithmetische Codierung	ja
Source-Codierung	DCT	ja[a]
	DPCM	ja
	Bewegungskompensation	ja
	DWT	ja[a]
	IFS	nein
Hybrid-Codierung	XCCC	nein
	H.261	nein
	JPEG	nein[b]
	MPEG-1	nein
	Bildkompression mit Wavelets	nein
	Fraktale Bildkompression	nein

[a]Durch die begrenzte Rechengenauigkeit in der Praxis häufig mit Verlusten behaftet.

[b]Bis auf das verlustfreie JPEG-Verfahren.

Eingabe- und Ausgabezeichen aus jeweils einem endlichen *Alphabet*, d. h. aus einer nicht leeren, endlichen Menge von Zeichen. Das Alphabet der Eingabezeichen wird als *Quellalphabet* bezeichnet. Die übliche Darstellung von Codierungen erfolgt in zweispaltigen Tabellen. Eine Spalte beinhaltet alle möglichen Eingabezeichen, die andere Spalte listet die Codewörter auf. Jedes Eingabezeichen erhält das Codewort zugewiesen, welches sich in derselben Zeile befindet (vgl. das folgende Beispiel).

Eine nicht leere, endliche Folge von Zeichen aus einem Alphabet wird als *Wort w* (über dem Alphabet) bezeichnet. Die Anzahl der Folgeglieder ist die *Länge* des Wortes w.

Unter einem *Code* (über einem Alphabet) versteht man eine endliche Teilmenge von Wörtern über diesem Alphabet – den sogenannten

Jedes Codealphabet besteht aus mindestens zwei Zeichen.

Codewörtern (über dem *Codealphabet*). Die *Ordnung des Codes* ist die Ordnung des Codealphabets, das aus mindestens zwei verschiedenen Zeichen bestehen muß. Ein Code heißt *Blockcode*, wenn alle Codewörter dieselbe Länge besitzen; ansonsten wird er als *Code mit variabler Länge* (VLC) bezeichnet.

Unter *eindeutig decodierbaren Codes* versteht man solche Codes, für die keine Aneinanderreihung von Codewörtern in eine andere Folge von Codewörtern zerlegt werden kann. Diese Codes sind von besonderem Interesse, weil sie Entropie-Codierungen mit ganzzahliger Codewortlänge entsprechen (vgl. Abschnitt 2.1.2). Auf die formale

Definition des Begriffs eines eindeutig decodierbaren Codes wird verzichtet, da dieser zum Verständnis keiner näheren Erläuterung bedarf.

Ein *Präfix-* bzw. *sofort decodierbarer Code* ist ein eindeutig decodierbarer Code, bei dem kein Codewort Präfix eines anderen Codewortes ist. Deshalb kann jede aus Codewörtern bestehende Folge von vorne – ohne Berücksichtigung der nachfolgenden Zeichen – Wort für Wort decodiert werden.

Beispiel: Seien das Quellalphabet Q und das Codealphabet C definiert durch $Q := \{A, B, C, D\}$ und $C := \{0, 1\}$. In der folgenden Tabelle sind Beispiele für einen Block- und Präfix-Code gegeben.

Beispiel zur Codierung einer Folge von Eingabezeichen

	Blockcode	Präfix-Code
A	00	1
B	01	01
C	10	001
D	11	000

Die Codierung der Folge von Eingabezeichen $AABCAAA$ ergibt im Fall des Blockcodes die Zeichenfolge 00000110000000, beim Präfix-Code 1101001111.

2.1.2　Klassifizierung von Entropie-Codierungen

In der Codierungstheorie wird davon ausgegangen, daß jedes Eingabezeichen auf ein eigenes Codewort abgebildet wird. Deshalb wird jedes Eingabezeichen mit einer ganzen Anzahl an Codezeichen dargestellt. Dies wird im Rahmen der Informatik als Codierung mit *ganzzahliger Codewortlänge* bezeichnet [PeMi, S. 137]. Desweiteren wird für Effizienzaussagen in der Codierungstheorie vorausgesetzt, daß sich die Auftrittswahrscheinlichkeiten der Eingabezeichen während der Codierung nicht verändern. Somit können eindeutig decodierbare Codes mit Entropie-Codierungen ganzzahliger Codewortlängen (bei fester Auftrittswahrscheinlichkeit der Eingabezeichen) identifiziert werden. Die Entropie-Codierungen zerfallen also in vier Klassen:

Zusammenhang zwischen Entropie-Codierungen und der Codierungstheorie

(1) Entropie-Codierungen mit ganzzahliger Codewortlänge und fester Auftrittswahrscheinlichkeit der Eingabezeichen

(2) Entropie-Codierungen mit ganzzahliger Codewortlänge und variabler Auftrittswahrscheinlichkeit der Eingabezeichen

(3) Entropie-Codierungen mit nicht-ganzzahliger Codewortlänge und fester Auftrittswahrscheinlichkeit der Eingabezeichen

(4) Entropie-Codierungen mit nicht-ganzzahliger Codewortlänge und variabler Auftrittswahrscheinlichkeit der Eingabezeichen

Prominente Vertreter von ganzzahliger bzw. nicht-ganzzahliger Entropie-Codierung sind die Huffman-, bzw. Arithmetische Codierung (vgl. Abschnitte 2.2.2 und 2.2.3).

2.1.3   Information eines Eingabezeichens

Zunächst werden zwei-elementige Codealphabete betrachtet. Wie schon im vorigen Abschnitt erwähnt, wird in der Codierungstheorie für jedes Eingabezeichen eine Auftrittswahrscheinlichkeit vorausgesetzt, die sich während der Codierung nicht verändert. Deshalb erwartet man von der Information einen funktionalen Zusammenhang zwischen Eingabezeichen und der dem Eingabezeichen zugeordneten Auftrittswahrscheinlichkeit. Zur einfacheren Beschreibung wird immer vorausgesetzt, daß jedes Eingabezeichen eine nicht verschwindende Auftrittswahrscheinlichkeit – d. h. eine Auftrittswahrscheinlichkeit in $(0,1]$ – besitzt. Dies bedeutet, daß ausschließlich Eingabezeichen betrachtet werden, die im zu codierenden Datenstrom tatsächlich enthalten sind. Somit sucht man nach einer reellen Funktion f, die auf dem links offenen Einheitsintervall $(0,1]$ definiert ist und folgenden Bedingungen genügt:

❏ Die Information zweier Eingabezeichen soll sich aus der Summe der Informationen beider Eingabezeichen ergeben. Weil f für alle möglichen Auftrittswahrscheinlichkeiten definiert sein soll, bedeutet dies:

$$f(x+y) = f(x) + f(y) \quad \forall x, y \in (0,1]$$

❏ Zwei Eingabezeichen, die sich in der Wahrscheinlichkeit ihres Auftretens wenig unterscheiden, sollen ungefähr dieselbe Information besitzen. Es ergibt sich aus dieser Bedingung die Forderung der Stetigkeit von f auf $(0,1]$.

❏ Um eine Maßeinheit der Information zu erhalten, wird $f(1/2) := 1$ festgelegt.

Die einzige reelle Funktion f, die diesen Bedingungen genügt, lautet[2]:

$$f(x) = -\log_2(x) \quad x \in (0,1]$$

Erweitert man diese Betrachtungen auf Codealphabete der Ordnung $m > 2$, ergibt sich in entsprechender Weise[3] $f = -\log_m$, wobei die Maßeinheit durch $f(1/m) := 1$ festgelegt wird.

---

[2]Einen Beweis findet man z. B. in [HeQu, S. 96f].

[3]Hierfür sei wieder auf [HeQu] verwiesen.

Sei nun e ein Eingabezeichen mit der Auftrittswahrscheinlichkeit $p(e) > 0$. Dann wird die *Information I* des Eingabezeichens durch

$$I(e) := -\log_m(p(e))$$

definiert, wobei $m \geq 2$ der Ordnung des Codealphabets entspricht. Besitzt das Codealphabet genau zwei Elemente, bezeichnet man die Einheit der Information mit *bit*. Mit gleicher Wahrscheinlichkeit auftretende Binärzeichen (*Bits*) haben bei dieser Festlegung den Informationsgehalt von je einem bit.

Der Unterschied zwischen Bit und bit

2.1.4 Mittlere Codewortlänge und Entropie

Die *mittlere Codewortlänge* L_{av} und die *Entropie* $H(\mathcal{Q})$ eines Quellalphabets $\mathcal{Q} = \{e_1, \ldots, e_n\}$ sind definiert als

$$L_{av} := \sum_{i=1}^{n} p_i \cdot L_i$$

$$H(\mathcal{Q}) := -\sum_{i=1}^{n} p_i \cdot \log_m(p_i) = \sum_{i=1}^{n} p_i \cdot \log_m(1/p_i),$$

wobei $\{(e_1, p_1, L_1), \ldots, (e_n, p_n, L_n)\}$ die Menge der Tripel bestehend aus Eingabezeichen, zugeordneter Auftrittswahrscheinlichkeit und Codewortlänge ist; m entspricht der Ordnung des Codealphabets.

Bei eindeutig decodierbaren Codes – und festen Auftrittswahrscheinlichkeiten der Eingabezeichen – ist die Entropie die größte untere Schranke der mittleren Codewortlänge. Dieses Resultat ergibt sich aus den beiden Aussagen:

Die Entropie als Effizienzmaß

(i) Die Entropie ist bei Präfix-Codes die größte untere Schranke der mittleren Codewortlänge [Ham, S. 122].

(ii) Jeder eindeutig decodierbare Code C_e läßt sich ohne Nachteil durch einen Präfix-Code C_p ersetzen [HeQu, S. 35]. Ohne Nachteil bedeutet, daß eine bijektive Abbildung zwischen C_e und C_p existiert, die jedes Codewort von C_e auf ein gleichlanges Codewort aus C_p abbildet.

Dieses Ergebnis erklärt, weshalb die Entropie als Effizienzmaß von Entropie-Codierungen mit ganzzahliger Codewortlänge und fester Auftrittswahrscheinlichkeit der Eingabezeichen verwendet wird. Offensichtlich bietet die Entropie auch für Entropie-Codierungen mit nicht-ganzzahliger Codewortlänge und fester Auftrittswahrscheinlichkeit der Eingabezeichen ein Gütekriterium. Bei Entropie-Codierungen mit variablen Auftrittswahrscheinlichkeiten der Eingabezeichen kann das Entropie-Konzept als Gütekriterium nicht angewendet werden. In diesen Fällen steht nicht die Kompression, sondern die Codiergeschwindigkeit im Vordergrund (vgl. Abschnitt 2.2.2.2).

Wie eindeutig decodierbare Codes optimiert werden können, ist Thema des folgenden Abschnitts. Zunächst noch ein

Beispiel zur mittleren Codewortlänge zweier Codierungen und der Entropie des verwendeten Quellalphabets

Beispiel: Seien die Alphabete und Codes, wie im Beispiel aus Abschnitt 2.1.1 definiert, und die Auftrittswahrscheinlichkeiten durch

$$p(A) = 3/4$$
$$p(B) = 1/8$$
$$p(C) = p(D) = 1/16$$

gegeben. Die Entropie $H(\mathcal{Q})$ des Quellalphabets $\mathcal{Q}$ ist:

$$H(\mathcal{Q}) = \tfrac{3}{4}\log_2\left(\tfrac{4}{3}\right) + \tfrac{1}{8}\log_2(8) + \tfrac{1}{8}\log_2(16) \approx 1{,}19$$

Somit ist 1,19 die minimale Anzahl an Codezeichen, die im Mittel benötigt werden, um ein Eingabezeichen mit einem eindeutig decodierbaren Code darzustellen. Der andere Code muß natürlich dasselbe Codealphabet verwenden und von denselben Autrittswahrscheinlichkeiten der Eingabezeichen ausgehen. Die mittleren Codewortlängen $L_{av}^{Pr\ddot{a}fix}$ und L_{av}^{Block} des Präfix- bzw. Blockcodes sind:

$$L_{av}^{Pr\ddot{a}fix} = \tfrac{3}{4}\cdot 1 + \tfrac{1}{8}\cdot 2 + \tfrac{2}{16}\cdot 3 = 1{,}375$$
$$L_{av}^{Block} = 2$$

Hieran erkennt man, daß der Präfix-Code die Eingabezeichen besser komprimiert als der Blockcode.

2.1.5   Optimierung von Entropie-Codierungen

Um Entropie-Codierungen mit ganzzahliger Codewortlänge und festen Auftrittswahrscheinlichkeiten der Eingabezeichen zu optimieren, d. h. die Entropie zu approximieren, können z. B. folgende Wege beschritten werden [PeMi, S. 143ff]:

(1) Wahl einer geeigneteren Menge von Eingabezeichen.

(2) Gruppieren der Eingabezeichen

Bei der praktischen Umsetzung in Bildkompressionssystemen wird dem ersten Punkt z. B. durch Wahl eines geeigneten Farbsystems und einer geeigneten Transformation entsprochen, die den Wertebereich der Eingabezeichen reduziert und viele aufeinanderfolgende Nullwerte erzeugt. Für solche Folgen von Eingabezeichen sind effiziente Entropie-Codierungen bekannt (Lauflängen-Codierung mit anschließender Huffman-Codierung).

Unter Gruppieren von Eingabezeichen wird die Konstruktion eines neuen Quellalphabets verstanden. Zu diesem Zweck wählt man eine feste Wortlänge $k \geq 1$. Alle Wörter dieser Länge, die aus den Eingabezeichen konstruiert werden können, faßt man als neue Eingabezeichen auf. Die Menge der auf diese Weise konstruierten neuen Eingabezeichen bilden das neue Quellalphabet. Die zugeordneten Auftrittswahrscheinlichkeiten ergeben sich durch das Produkt der im neuen Eingabezeichen enthaltenen alten Eingabezeichen. Durch Gruppieren von Eingabezeichen kann die Entropie approximiert und somit die Entropie-Codierung optimiert werden [Schu, S. 54]. Der Nachteil dieser Methode ist offensichtlich: Aus m Eingabezeichen lassen sich m^k Wörter der Länge k konstruieren. Bei der praktischen Umsetzung wächst der zur Darstellung der Entropie-Codierung benötigte Speicherplatzbedarf exponentiell mit der Wortlänge k.

2.2 Entropie-Codierungen

In diesem Abschnitt wird erläutert, was unter Lauflängen-, Huffman- und Arithmetischer Codierung verstanden wird. Mit den Hilfsmitteln des vorigen Abschnitts wird verständlich werden, weshalb die beiden letztgenannten Verfahren – bzw. Abwandlungen der Huffman-Codierung – die bevorzugten Entropie-Codierungen darstellen.

2.2.1 Lauflängen-Codierung

Bei der *Lauflängen-Codierung* wird die Kompression dadurch erreicht, daß längere Folgen gleicher aufeinanderfolgender Eingabezeichen unterdrückt werden. Es wird nur die Anzahl der Wiederholungen des Eingabezeichens und das Eingabezeichen selbst angegeben. Offensichtlich sind die Kompressionsergebnisse stark von der Folge der Eingabezeichen abhängig. Deshalb dient dieses Verfahren bei der Bildkompression meist als Ergänzung zu anderen Entropie-Codierungen.

2.2.2 Huffman-Codierung

Huffman entwickelte in [Huf] ein Verfahren zur Bestimmung eines Präfix-Codes, der einer optimalen Entropie-Codierung mit ganzzahliger Codewortlänge bei festen Auftrittswahrscheinlichkeiten der Eingabezeichen entspricht. Ein Huffman-Code ist unter Präfix-Codes deshalb optimal, weil kein Code dieser Klasse existiert, der eine kleinere mittlere Codewortlänge besitzt [Schu, S. 44]. Weiterhin läßt sich jeder eindeutig decodierbare Code ohne Nachteil durch einen Präfix-Code ersetzen (vgl. Abschnitt 2.1.4). Somit folgt die Optimalität eines Huffman-Codes unter allen eindeutig decodierbaren Codes. Also existiert keine Entropie-Codierung mit ganzzahliger Codewortlänge

Optimalität der Huffman-Codierung

Idee der Huffman-Codierung

und festen Auftrittswahrscheinlichkeiten der Eingabezeichen, die eine kleinere mittlere Codewortlänge besitzt.

Seien ein endliches Quellalphabet $Q := \{e_1, \ldots, e_n\}$ mit den zugehörigen Auftrittswahrscheinlichkeiten $p(e_1)$ bis $p(e_n)$ und ein Codealphabet der Ordnung m gegeben. Die (nicht eindeutige) Huffman-Codierung ergibt sich aus der sukzessiven Ersetzung zweier verschiedener Eingabezeichen e_i und e_j mit minimaler Auftrittswahrscheinlichkeit durch ein neues Zeichen mit der Wahrscheinlichkeit $p(e_i) + p(e_j)$, bis die Menge der Zeichen auf genau ein Zeichen reduziert wurde. Die Huffman-Codierung resultiert aus dem während der Codierung entstandenen Huffman-Codierbaum.

2.2.2.1 Codierung

Zum Verständnis genügt es, den Algorithmus für binäre Codealphabete ($m = 2$) zu beschreiben. Für Codealphabete endlicher Ordnung ($m \geq 2$) findet man den Algorithmus z. B. in [HeQu, S. 133f].

Eingabe: Ein als Liste vorliegendes Quellalphabet Q mit den zugeordneten Auftrittswahrscheinlichkeiten der Eingabezeichen.

❏ Fasse jedes Element dieser Liste als Wurzel von Bäumen mit genau einem Knoten auf.

❏ **Solange** in der Liste mehr als eine Wurzel vorhanden ist
{

– Suche die Wurzeln w_1 und w_2 mit den kleinsten Wahrscheinlichkeiten p_1 und p_2.

– Erweitere die Liste mit der neuen Wurzel w und der Wahrscheinlichkeit $p_1 + p_2$.

– Bezeichne die beiden Äste der Wurzel w mit jeweils einem anderen Codezeichen und setze w_1 und w_2 als Nachfolger dieser Wurzel. Wegen dieser Bezeichnungsmöglichkeiten erlaubt das Verfahren die Konstruktion verschiedener Huffman-Codierungen.

– Sorge dafür, daß w_1 und w_2 nicht mehr als Wurzel aufgefaßt werden.

}

❏ Das einem Eingabezeichen entsprechende Codewort wird durch die Bezeichnung der Äste entlang des Weges von der Wurzel bis zu dem dem Eingabezeichen entsprechenden Blatt gegeben (siehe Abbildung 2.1).

Für den erzeugten Huffman-Code gelten:

Eigenschaften einer
Huffman-Codierung

(i) $1 \leq l(e_i) \in \mathbb{N}$, wobei $i \in \{1, \ldots, n\}$ und $l(e_i)$ die Anzahl der zur Codierung des Eingabezeichens e_i verwendeten Codezeichen ist (ganzzahlige Codewortlänge).

(ii) $H(\mathcal{Q}) \leq L_{av} \leq H(\mathcal{Q}) + 1$, wobei $H(\mathcal{Q})$ der Entropie des Quellalphabets und L_{av} der mittleren Codewortlänge entsprechen.

(iii) Der Code kann als m–Baum dargestellt werden (Huffman-Codierbaum), bei dem die Äste mit den Codezeichen beschriftet sind, und in jedem Blatt die Wahrscheinlichkeit des dem Blatt entsprechenden Eingabezeichens steht (vgl. Abbildung 2.1).

Die Pfadlänge (das entspricht beim Huffman-Code der Codewortlänge des Eingabezeichens) eines einem Eingabezeichen zugeordneten Blattes zur Wurzel des Huffman-Codierbaums stimmt nur dann mit der Information des Eingabezeichens überein, wenn die Information ganzzahlig ist. In allen anderen Fällen ist die Pfadlänge größer als die Information. Somit folgt aus der Definition der mittleren Codewortlänge und der Entropie, daß die Entropie wegen der ganzzahligen Codewortlänge mittels einer Huffman-Codierung nur selten erreicht werden kann. Wie schon zu Beginn des Abschnitts erwähnt, existiert keine ganzzahlige Entropie-Codierung, die bei fester Auftrittswahrscheinlichkeit der Eingabezeichen eine kleinere mittlere Codewortlänge erreicht. Das bedeutet, daß in dieser Klasse der Entropie-Codierungen keine Codierung existiert, die bessere Kompressionsergebnisse erzielt.

Die Huffman-Codierung besitzt bei nach Auftrittswahrscheinlichkeiten geordneten Eingabezeichen die Komplexität $\mathcal{O}(n)$, wobei n die Anzahl der Eingabezeichen ist [HiLe]. Zudem ist die teuerste Operation die Addition von Gleitkommazahlen (Addition der Auftrittswahrscheinlichkeiten beim Reduktionsprozeß). Dies ermöglicht eine schnelle Codierung.

Beispiel: Seien die Alphabete und die Auftrittswahrscheinlichkeiten der Eingabezeichen wie im Beispiel aus Abschnitt 2.1.4 definiert. In Abbildung 2.1 sind eine mögliche Huffman-Codierung und die dazu notwendigen Schritte dargestellt.

Beispiel zur Berechnung
eines Huffman-Codes

Abbildung 2.1
Berechnung einer
Huffman-Codierung

Durch den Reduktionsprozeß wird ein Huffman-Codierbaum definiert. Aus diesem kann die Huffman-Codierung direkt abgelesen werden.

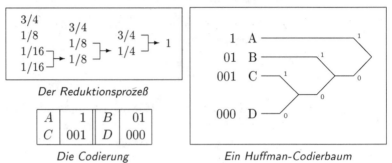

Der Reduktionsprozeß

A	1	B	01
C	001	D	000

Die Codierung

Ein Huffman-Codierbaum

2.2.2.2 Varianten

Man unterscheidet bei den Huffman-Codierungen zwischen den Varianten

- ❏ *statische* Huffman-Codierung

- ❏ *adaptive* Huffman-Codierung

- ❏ *modifizierte* Huffman-Codierung

Die *statische* Huffman-Codierung entspricht dem dargelegten Verfahren. Dieses hat jedoch zwei Nachteile:

(1) Zur Codierung einer Folge von Eingabezeichen werden zwei Durchläufe benötigt. Im ersten Durchlauf werden die Auftrittswahrscheinlichkeiten der Eingabezeichen, im zweiten Durchlauf die Codierung bestimmt.

(2) Die zur Codierung verwendete Tabelle muß für die Decodierung gespeichert werden.

Bei der *adaptiven* (dynamischen) Huffman-Codierung werden beide Nachteile vermieden, indem von anfänglich festen Auftrittswahrscheinlichkeiten der Eingabezeichen ausgegangen wird, die während des Codierens bzw. Decodierens angepaßt werden. (Dieses Verfahren wird vom UNIX-utility »compact« verwendet [HiLe, S. 268].)

Alle Varianten der Huffman-Codierung, die weder der statischen noch der adaptiven Huffman-Codierung entsprechen, werden als *modifizierte* Huffman-Codierungen bezeichnet. Sie entstehen mit den Zielsetzungen, zumindest einen der beiden Nachteile der statischen Huffman-Codierung zu vermeiden, die Huffman-Codierung zu optimieren oder eine Implementierung zu ermöglichen. Im folgenden werden Beispiele für modifizierte Huffman-Codierungen aufgeführt.

Durch den Einsatz von Standard-Huffman-Tabellen werden beide Nachteile der statischen Huffman-Codierung zu Lasten der Kompression beseitigt. Es werden häufig ausschließlich diejenigen Eingabezeichen in der Tabelle angegeben, von denen eine große Auftrittswahrscheinlichkeit erwartet wird. Alle anderen werden durch Voranstellen einer »Escape-Sequenz« kenntlich gemacht und direkt codiert.

Zur Optimierung der Huffman-Codierung könnte z. B. ein neues Quellalphabet konstruiert werden, bei dem möglichst viele der neuen Eingabezeichen eine ganzzahlige Information besitzen. Ist dies für alle neuen Eingabezeichen erfüllt, dann entspricht die mittlere Codewortlänge der Huffman-Codierung der Entropie.

Implementierungen berechnen aus Speicherplatzgründen den Huffman-Codierbaum häufig nicht vollständig, sondern beenden den Prozeß bei einer vorgegebenen Baumtiefe.

2.2.2.3 Decodierung

Der Decodierer benötigt die zur Codierung verwendete Huffman-Tabelle. Diese muß je nach Variante der Huffman-Codierung im Datenstrom enthalten, dem Decodierer intern bekannt sein oder berechnet werden.

2.2.3 Arithmetische Codierung

Im vorigen Abschnitt wurde ersichtlich, daß Huffman-Codierungen auch bei binärem Codealphabet $\mathcal{C} = \{0, 1\}$ i. allg. die Entropie wegen der ganzzahligen Codewortlänge nicht erreichen. Dieser Nachteil wird bei der Arithmetischen Codierung umgangen.

Idee der Arithmetischen Codierung

Sei ein Quellalphabet von Eingabezeichen $Q = \{e_1, \ldots, e_n\}$ mit den Auftrittswahrscheinlichkeiten $p(e_1)$ bis $p(e_n)$ gegeben. Die Idee ist hier, eine Folge $\{d_k\}_{k=1,\ldots,r}$ von Eingabezeichen auf eine Gleitkommazahl $g \in (0, 1]$ so abzubilden, daß aufgrund dieser Zahl und der Kenntnis der den Eingabezeichen zugeordneten Auftrittswahrscheinlichkeiten, die Ausgangsfolge rekonstruiert werden kann.

2.2.3.1 Codierung

❏ $\mathcal{I} := (0, 1]$

❏ $k := 0$

❏ **Solange** $k < r$
{

    – Ordne L und R die linke bzw. rechte Intervallgrenze von $\mathcal{I}$ zu.

– Partitioniere $\mathcal{I}$ durch die Vorschrift

$$\mathcal{I}_l := \left(L + (R-L) \cdot \sum_{i:=1}^{l-1} p(e_i), L + (R-L) \cdot \sum_{i:=1}^{l} p(e_i) \right]$$

in n aufeinanderfolgende Teilintervalle $\mathcal{I}_1$ bis $\mathcal{I}_n$.

– Ordne jedem Eingabezeichen e_l das Intervall $\mathcal{I}_l$ zu $(l = 1, \ldots, n)$.

– $k := k + 1$

– Setze $\mathcal{I} := \mathcal{I}_{l(k)}$ als neues Grundintervall, wobei $\mathcal{I}_{l(k)}$ das dem Eingabezeichen d_k zugeordnete Intervall ist. (»zoomen«)

}

❏ Wähle eine Zahl $g \in \mathcal{I}$. Sie repräsentiert die codierte Folge von Eingabezeichen.

Beispiel zur Vorgehensweise der Arithmetischen Codierung

Beispiel: Das Quellalphabet bestehe aus den Eingabezeichen A, B, C, D und $\#$. Die Auftrittswahrscheinlichkeiten seien

$$p(C) = p(\#) = 0{,}1$$
$$p(A) = p(D) = 0{,}2$$
$$p(B) = 0{,}4$$

die zu codierende Folge von Eingabezeichen sei $AADB\#$. Die folgende Abbildung verdeutlicht die Vorgehensweise der Arithmetischen Codierung.

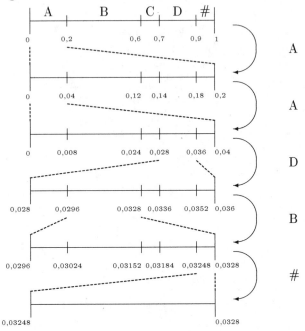

Die Codierung der Folge $AADB\#$ wird durch die Angabe einer Zahl
$g \in (0,03248, 0,0328]$ erreicht.

2.2.3.2 Decodierung

Zur Decodierung der Gleitkommazahl g werden die Eingabezeichen
mit den Auftrittswahrscheinlichkeiten und die Zuordnung der Eingabezeichen zu den Partitionierungsintervallen benötigt. Letzteres
kann z. B. durch die Reihenfolge der Eingabezeichen implizit definiert werden. Analog zur Codierung werden das Einheitsintervall
partitioniert und das Teilintervall $\mathcal{I}$ mit $g \in \mathcal{I}$ »gezoomt«. Anschließend werden das dem Teilintervall $\mathcal{I}$ zugeordnete Eingabezeichen
ausgegeben und der beschriebene Vorgang mit $\mathcal{I}$ als Grundintervall
wiederholt. Man erkennt, daß der Decodierer bisher kein Terminie-
rungskriterium besitzt. Für dieses Problem existieren u. a. die beiden
Lösungsmöglichkeiten:

(1) In dem codierten Datenstrom liegt die Anzahl der zu decodie-
renden Eingabezeichen vor.

(2) Es wurde ein terminales Eingabezeichen vereinbart[4].

2.2.4 Arithmetische vs. Huffman-Codierung

Die Zahl g entspreche der Arithmetischen Codierung einer Folge aus
Eingabezeichen. Es ist theoretisch immer möglich, g binär mit einer
Bitanzahl darzustellen, die ungefähr der Entropie entspricht [HiLe,
S. 277]. Hinsichtlich Kompression ist dieses Verfahren somit der
Huffman-Codierung bei binären Codealphabeten überlegen.

An dieser Stelle sei noch einmal daran erinnert, daß bei fester Auftrittswahrscheinlichkeit der Eingabezeichen und ganzzahliger Codewortlänge keine Entropie-Codierung existiert, die eine kleinere mittlere Codewortlänge als die Huffman-Codierung besitzt. Somit existiert
für diese Klasse der Entropie-Codierungen kein Verfahren, das bessere
Kompressionsergebnisse liefert (mit beliebiger Wahl des Codealphabets). Die Arithmetische Codierung erreicht die bessere Kompression bei binärem Codealphabet durch die Codierung einer Folge von
Eingabezeichen als Einheit, wodurch die Einschränkung der ganzzahligen Codewortlänge entfällt; sie ist ein Beispiel für eine Entropie-
Codierung mit nicht-ganzzahliger Codewortlänge.

In der praktischen Umsetzung entstehen für beide Verfahren Probleme, so daß die Arithmetische Codierung in der Regel nicht viel
besser komprimiert als die Huffman-Codierung. Ein Problem der

---

[4]Im Beispiel auf Seite 16 könnte z. B. das Eingabezeichen »#« als terminales Zeichen dienen.

Huffman-Codierung ist der benötigte Speicherplatzbedarf für den Huffman-Codierbaum. Die binäre Darstellung kleiner Gleitkommazahlen ist eine Hürde zur Implementierung der Arithmetischen Codierung. Um eine Zahl $g \in (0,1]$ binär zu erfassen, werden ungefähr $-\log_2(g)$ Bits [HiLe, S. 277] benötigt. Die maximale Anzahl dieser Bits ist im Computer durch die Register beschränkt. Lange Datenströme können deshalb (die Bitanzahl steigt sehr stark für kleine g) nicht mit genau einer Zahl g codiert werden. Sie müssen in Teile zerlegt und separat codiert werden. Dieses Vorgehen wirkt sich natürlich negativ auf den Kompressionsfaktor aus.

Im Gegensatz zur Huffman-Codierung sind der Rechenaufwand durch die Multiplikation mit Gleitkommazahlen erheblich größer, eine Implementierung aufwendiger und das Verfahren patentrechtlich von IBM, AT&T und Mitsubishi geschützt. Wegen dieser Tatsachen (gute Kompression bei vielen möglichen Folgen von Eingabezeichen, schnell, einfach implementierbar, nicht lizenziert) wird die (modifizierte) Huffman-Codierung zur Bildkompression als Entropie-Codierung bevorzugt eingesetzt.

2.3   Source-Codierungen

Dieser Abschnitt erläutert den Sinn und die Durchführung verschiedener Source-Codierungen, die von mehreren Bildkompressionssystemen (bzw. Hybrid-Codierungen) verwendet werden.

2.3.1   Diskrete Cosinus-Transformation

Bei verlustbehafteten Kompressionsverfahren ist es in der Source-Codierungsphase von Interesse, die wichtigen Informationen auf wenige und bekannte Elemente zu konzentrieren. Anschließend können im Schritt der Quantisierung die unwichtigen Elemente entfernt werden, ohne einen nennenswerten Informationsverlust in Kauf nehmen zu müssen. Eine mögliche Realisierung dieser Idee sind Transformationen. Diese müssen invertierbar sein, damit die wichtige Information wieder erhalten werden kann. Außerdem besteht der Wunsch der schnellen Berechenbarkeit. Alle genannten Kriterien können im Rahmen der Bildbearbeitung mit der zweidimensionalen *Diskreten Cosinus-Transformation* (DCT) erfüllt werden, da effektive Implementierungen entwickelt wurden. Im Rahmen dieses Buchs bezeichnet DCT, sofern nicht anders erwähnt, immer die zweidimensionale DCT.

2.3.1.1 Definition der DCT und IDCT

Sei $\{F(x,y)\}_{x,y\in\{0,\dots,7\}}$ ein aus 8×8 Pixel bestehendes Bild, d. h. $F(x,y)$ entspricht dem Farbwert, des sich in der x-ten Zeile und y-ten Spalte befindenden Pixels. Die Zeilennumerierung erfolgt von oben nach unten, die Spaltennumerierung von links nach rechts. Somit entsprechen $(0,0)$ der linken oberen Ecke, $(0,7)$ der rechten oberen Ecke, $(7,0)$ der linken unteren Ecke und $(7,7)$ der rechten unteren Ecke des Bildes.

Summen-Definition der zweidimensionalen DCT und IDCT

Die zweidimensionale DCT ist durch

$$f(k,n) := \frac{C(k)}{2}\frac{C(n)}{2}\sum_{x=0}^{7}\sum_{y=0}^{7}F(x,y)\cos\left(\frac{\pi(2x+1)k}{16}\right)\cos\left(\frac{\pi(2y+1)n}{16}\right)$$

definiert, wobei $k, n \in \{0,\dots,7\}$ und

$$C(z) := \begin{cases} 1/\sqrt{2}, & \text{für } z = 0 \\ 1, & \text{für } z > 0 \end{cases}$$

sind. Die zweidimensionale inverse DCT (IDCT) lautet:

$$F(x,y) = \sum_{k=0}^{7}\sum_{n=0}^{7}\frac{C(k)}{2}\frac{C(n)}{2}f(k,n)\cos\left(\frac{\pi(2x+1)k}{16}\right)\cos\left(\frac{\pi(2y+1)n}{16}\right)$$

mit $x, y \in \{0,\dots,7\}$ und C wie vorher definiert.

Anschaulich entspricht die zweidimensionale DCT dem folgenden Vorgang: Man faßt das aus 8×8 Bildpunkten bestehende Ausgangsbild $\{F(x,y)\}_{x,y\in\{0,\dots,7\}}$ als Matrix in $M_8(\mathbb{R})$ (versehen mit der kanonischen Standardbasis) auf und stellt es bezüglich einer anderen Basis $\{B_{k,n}\}_{k,n\in\{0,\dots,7\}}$ von $M_8(\mathbb{R})$ dar (siehe Abbildung 2.2). Die 64 Elemente dieser neuen Basis $\{B_{k,n}\}_{k,n\in\{0,\dots,7\}}$ werden als *Basisbilder* bezeichnet und entstehen durch Multiplikation von jeweils einer horizontal und vertikal orientierten eindimensionalen DCT-Basisfunktion aus acht Punkten. Einen optischen Eindruck der 64 Basisbilder bzw. der acht eindimensionalen DCT-Basisfunktionen geben die Abbildungen 2.3 und 2.4. Die expliziten Formeln der Basisbilder und eindimensionalen DCT-Basisfunktionen sind in Abschnitt 2.3.1.2 angegeben.

Die Darstellung des Bildes $\{F(x,y)\}_{x,y\in\{0,\dots,7\}}$ bezüglich der Basisbilder $\{B_{k,n}\}_{k,n\in\{0,\dots,7\}}$ wird durch die Koeffizientenmatrix $\{f(k,n)\}_{k,n\in\{0,\dots,7\}}$ gegeben. Hierbei entspricht $f(k,n)$ dem dem Basisbild $B_{k,n}$ zugehörigen Koeffizienten; die Einträge der Matrix $\{f(k,n)\}_{k,n\in\{0,\dots,7\}}$ werden als *DCT-Koeffizienten* bezeichnet. In Abbildung 2.2 können somit die Koeffizienten $a_{k,n}$ durch $f(k,n)$ ersetzt werden, und es gilt:

Darstellung eines Bildes durch Basisbilder

$$F(x,y) = \sum_{k=0}^{7}\sum_{n=0}^{7}f(k,n)B_{k,n}(x,y) \quad x,y \in \{0,\dots,7\},$$

Abbildung 2.2
Darstellung eines Bildes
mit Basisbildern

Darstellung eines 8×8-Bildes mit 64 Basisbildern $\{B_{k,n}\}_{k,n \in \{0,...,7\}}$.

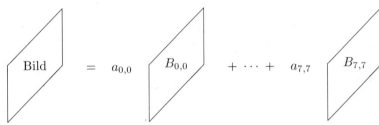

abgewandelt übernommen aus: [Jain, S. 5]

Abbildung 2.3
Die DCT-Basisbilder

Die DCT-Basisbilder $\{B_{k,n}\}_{k,n \in \{0,...,7\}}$ bestehen aus jeweils 8×8 Pixel.

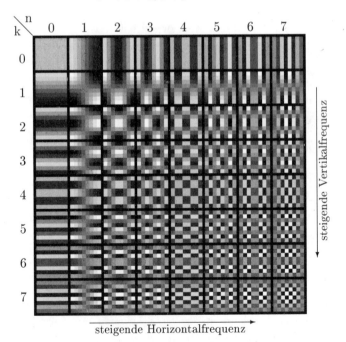

abgewandelt übernommen aus: [Jain, S. 136]

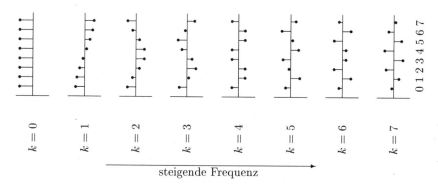

steigende Frequenz

abgewandelt übernommen aus: [Jain, S. 133]

Abbildung 2.4
Die Basisfunktionen der eindimensionalen DCT

wobei $B_{k,n}(x,y)$ dem Pixelwert des Basisbildes $B_{k,n}$ in der x-ten Zeile und y-ten Spalte entspricht.

Betrachtet man die DCT-Koeffizienten $\{f(k,n)\}_{k,n\in\{0,\dots,7\}}$ in der durch Abbildung 2.5 gegebenen Zickzack-Reihenfolge, wird eine Ordnung eingeführt, die ungefähr der schlechter werdenden Sichtbarkeit und steigenden Frequenz der zugehörigen Basisbilder entspricht. Der in der Zickzack-Reihenfolge erste DCT-Koeffizient $f(0,0)$ heißt *DC-Koeffizient*, die anderen heißen *AC-Koeffizienten*. Der DC-Koeffizient kann mit der Grundfarbe des Bildes $\{F(x,y)\}_{x,y\in\{0,\dots,7\}}$ identifiziert werden (das zugehörige Basisbild $B_{0,0}$ ist einfarbig).

Zielsetzung der zweidimensionalen DCT

Die DCT-Koeffizienten $\{f(k,n)\}_{k,n\in\{0,\dots,7\}}$ werden in der dargestellten Zickzack-Reihenfolge durchlaufen, um sie für eine anschließende Entropie-Codierung sequentiell anzuordnen. Die Reihenfolge entspricht der schlechter werdenden Sichtbarkeit der zugehörigen Basisbilder $\{B_{k,n}\}_{k,n\in\{0,\dots,7\}}$.

Abbildung 2.5
Sequentielle Anordnung der DCT-Koeffizienten

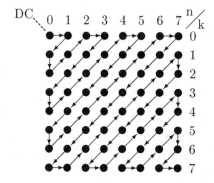

abgewandelt übernommen aus: [Stei2, S. 190, Abb. 11]

Nach Anwendung der DCT wurden die ursprünglichen Ziele erreicht: Die wichtige Information ist in den – bezüglich Zickzack-Anordnung – ersten DCT-Koeffizienten enthalten, da ausschließlich die den führenden DCT-Koeffizienten zugehörigen Basisbilder gut sichtbar sind (niedere Frequenzen).

Prinzip der Quantisierung von DCT-Koeffizienten

Ein DCT-Koeffizient wird quantisiert, indem er durch eine natürliche Zahl $Q \in \mathbb{N}$, dem *Q-Faktor*, dividiert, und anschließend auf die nächste ganze Zahl gerundet wird. Dem Decodierer muß also bekannt sein, mit welcher Zahl der DCT-Koeffizient quantisiert wurde, so daß die Hauptinformation durch den inversen Prozeß wieder erhalten werden kann. Die Kompression steigt mit Vergrößerung des Q-Faktors zu Lasten der Bildqualität.

Eine Möglichkeit zur Quantisierung von DCT-Koeffizienten: spektrale Quantisierung

In der Regel besitzen die in der Zickzack-Reihenfolge führenden DCT-Koeffizienten eines 8×8-Pixelblocks betragsmäßig große Werte, während die hinteren DCT-Koeffizienten fast verschwinden. Nach einer Quantisierung der DCT-Koeffizienten, die meist anhand des Maßstabs der Sichtbarkeit der zugehörigen Basisbilder durchgeführt wird (*spektrale Quantisierung*), entstehen viele in der Zickzack-Anordnung aufeinanderfolgende Nullkoeffizienten. Die quantisierten DCT-Koeffizienten können nun effektiv verlustfrei codiert werden (meist Varianten aus Lauflängen-Codierung, gefolgt von einer modifizierten Huffman-Codierung). Dadurch wird eine verlustbehaftete Kompression erzielt, die häufig ohne sichtbaren Qualitätsverlust möglich ist. Der Grund ist, daß das menschliche Auge hohe Frequenzen sehr schlecht wahrnimmt. Eine Ausnahme ergibt sich durch das Auftreten von Kanten. Es hat sich herausgestellt, daß scharfe Kanten hohe Frequenzen erzeugen. Entfernt man diese, entsteht häufig der Eindruck eines verschwommenen Bildes. Weitere Quantisierungsvarianten der DCT-Koeffizienten werden in Abschnitt 3.2 auf Seite 34 besprochen.

DCT in Anwendungen

Normalerweise benötigt man zur Repräsentierung der DCT-Koeffizienten (Gleitkommazahlen) mehr Bits als zur Darstellung der ganzzahligen Pixelwerte des Bildes $\{F(x,y)\}_{x,y\in\{0,...,7\}}$. Die Kompression wird durch Quantisierung der DCT-Koeffizienten erreicht. Obwohl die DCT wegen der Invertierbarkeit theoretisch verlustfrei durchführbar ist, können durch die begrenzte Rechengenauigkeit Verluste entstehen. Deshalb wird die DCT in Anwendungen häufig nur ganzzahlig durchgeführt. Anstelle der 64 Multiplikationen und 63 Additionen zur Berechnung eines DCT-Koeffizienten sind in diesem Fall Implementierungen bekannt, die im Durchschnitt weniger als eine Multiplikation und neun Additionen benötigen (vgl. [PeMi, S. 39]).

In Anwendungen wird ein Bild komponentenweise in 8×8-Sample-blöcke[5] unterteilt. Jeder Sampleblock wird separat DCT-transfor-miert und anschließend quantisiert. Die blockweise Bearbeitung wird z. B. dann sichtbar, wenn sich nach der Quantisierung die DC-Koeffi-zienten zweier benachbarter Sampleblöcke stark unterscheiden und alle AC-Koeffizienten verschwinden. Der Grund ist der Verlust der stetigen Verbindung benachbarter Blöcke, welcher für den Menschen leicht erkennbar ist.

2.3.1.2 Konstruktion der Basisbilder

Definiere eine Matrix $A := \{A(k,n)\}_{k,n \in \{0,\ldots,7\}}$ durch:

$$A(k,n) := \left\{ \begin{array}{l} \frac{1}{2\sqrt{2}} \text{ für } k = 0 \text{ und } n \in \{0,\ldots,7\} \\ \frac{1}{2} \cos \frac{\pi(2n+1)k}{16} \text{ für } k \in \{1,\ldots,7\} \text{ und } n \in \{0,\ldots,7\} \end{array} \right.$$

Die Zeilen der reellen Matrix A sind die Basisfunktionen der eindimensionalen DCT (siehe Abbildung 2.4). Die Basisbilder $\{B_{k,n}\}_{k,n \in \{0,\ldots,7\}}$ sind durch Matrizenmultiplikation der transponier-ten k-ten und der n-ten Zeile von A definiert:

$$B_{k,n} := \begin{pmatrix} A(k,0) \\ \vdots \\ A(k,7) \end{pmatrix} \cdot (A(n,0),\ldots,A(n,7))$$

Diese 64 Basisbilder sind 8×8-Matrizen und stellen eine Basis von $M_8(\mathbb{R})$ dar. Deshalb läßt sich jede reelle 8×8-Matrix als Linear-kombination der Basisbilder $\{B_{k,n}\}_{k,n \in \{0,\ldots,7\}}$ darstellen. Wie schon in Abschnitt 2.3.1.1 erwähnt, werden die zugehörigen Koeffizienten durch die DCT gegeben. Der Beweis dieser Aussagen kann in [Jain, S. 132 - 135] nachgelesen werden.

Mittels der Matrix A vereinfacht sich die Definition der DCT wegen

Matrizen-Definition der zweidimensionalen DCT und IDCT

$$\begin{aligned} f(k,n) &= \sum_{x=0}^{7} \sum_{y=0}^{7} A(k,x)\, F(x,y)\, A(n,y) \\ &= \sum_{x=0}^{7} A(k,x) \sum_{y=0}^{7} F(x,y)\, A^T(y,n) \end{aligned}$$

zu

$$f = A \cdot F \cdot A^T,$$

---

[5]Ein Sample ist eine Farbkomponente eines Pixels.

wobei $f := \{f(k, n)\}_{k,n\in\{0,\ldots,7\}}$ die DCT-Koeffizientenmatrix, $F := \{F(x, y)\}_{x,y\in\{0,\ldots,7\}}$ das Bild und A^T die zu A transponierte Matrix bezeichnen. Die IDCT läßt sich in der Matrizenschreibweise als

$$F = A^T \cdot f \cdot A$$

darstellen, weil $A \cdot A^T$ die Einheitsmatrix ergibt.

2.3.2   Differential Pulse Code Modulation

Die *Differential Pulse Code Modulation* (DPCM) versucht, die Wertebereiche von numerischen Eingabezeichen zu verkleinern und dadurch eine bessere Entropie-Codierung zu erreichen. Anstatt die Eingabezeichen direkt zu codieren, wird die Differenz zu einem Referenzwert codiert.

Bsp.: Die Folge 10, 12, 14, 16, 18, 20 soll mit der Lauflängen-Codierung als Entropie-Codierung codiert werden. Auf direktem Weg wird keine Kompression erreicht, da sich alle aufeinanderfolgenden Zahlen unterscheiden. Eine mögliche DPCM-Codierung wäre die Folge 10, 2, 2, 2, 2, 2. Hierbei dient jeweils die in der Ausgangsfolge vorhergehende Zahl als Referenzwert und die anschließende Lauflängen-Codierung erzielt eine Kompression.

2.3.3   Bewegungskompensation

Mittels Bewegungskompensation können zeitliche Redundanzen zwischen zwei Bildern ausgenutzt werden. Diese entstehen u. a. durch Objektbewegungen vor gleichem Hintergrund und Kamerabewegungen. Unter *Bewegungskompensation* wird verstanden, daß zwei (eventuell verschobene) rechteckige Bildbereiche derselben Größe zweier Bilder miteinander verglichen werden. Bei guter Übereinstimmung werden diese Bildbereiche DPCM-codiert und mit dem Translationsvektor versehen, um die korrekte Decodierung zu ermöglichen (Drehungen und Spiegelungen werden nicht berücksichtigt). In der Regel werden viele Nullwerte erzeugt, die eine effektive Codierung des Bereichs erlauben. Einige Realisierungen der Bewegungskompensation werden in den Abschnitten 3.3, 3.2 und 3.4 näher beschrieben. Nach welcher Methode und mit welchem Maß die rechteckigen Bildbereiche zweier Bilder verglichen werden, ist vom jeweiligen Verfahren abhängig. Das Verfahren bestimmt auch, welche und wieviele Bildbereiche miteinander verglichen werden dürfen.

2.4 Hybrid-Codierungen

Um in der Bildkompression möglichst gute Kompressionsergebnisse zu erzielen, ist es in der Regel nicht ausreichend, die Eingabezeichen direkt mit einer Entropie-Codierung zu bearbeiten. Deshalb werden die Eingabezeichen mit einer oder mehreren, dem Anwendungsgebiet angepaßten, Source-Codierungen (z. B. DCT gefolgt von DPCM bei der Bildverarbeitung) bearbeitet, um die daraus entstandenen neuen Eingabezeichen besser komprimieren zu können. Bildkompressionsverfahren, die Techniken aus Entropie- und Source-Codierung verwenden, werden als Hybrid-Codierungen bezeichnet und sind Thema des folgenden Kapitels.

3 Ausgewählte Hybrid-Codierungen

Dieses Kapitel gibt eine detaillierte Beschreibung der Hybrid-Codierungen XCCC, H.261, JPEG, MPEG-1, sowie Bildkompression mit Wavelets und Fraktalen. Dazu werden die Ergebnisse des zweiten Kapitels vorausgesetzt. Die Beschreibungen sollen sowohl die unterschiedlichen Vorgehensweisen der ausgewählten Hybrid-Codierungen, als auch die jeweils durch die Anwendung regelbaren Parameter aufzeigen; auf die verwendeten Datenstrukturen der Implementierung wird nur dann eingegangen, wenn dies zum Verständnis beiträgt.

Welche Hybrid-Codierungen wurden ausgewählt?

Die Verfahren H.261, JPEG und MPEG-1 sind standardisiert und weit verbreitet, wohingegen XCCC ein nicht lizenziertes Kompressionsverfahren ist. XCCC unterscheidet sich in den Ideen der Source-Codierung (speziell der Quantisierung) wesentlich von denen der anderen fünf Hybrid-Codierungen. Bildkompression mit Wavelets und Fraktalen sind aktuelle Forschungsgebiete mit einer Vielzahl von Varianten. Ihre Leistungsfähigkeit ist u. a. Gegenstand des Standardisierungsprozesses von MPEG-4. (MPEG-4 soll ein Standard der ISO/IEC zur Codierung von digitalen Bewegtbildern mit zugehörigem Audio und extrem kleinen Datenraten, werden. Die Arbeiten zur Umsetzung dieses Vorhabens begannen im September 1993 [Stei2, S. 199].)

Warum ausgerechnet diese Hybrid-Codierungen?

Um eine einheitliche Beschreibung der Hybrid-Codierungen zu ermöglichen, werden die zur Codierung notwendigen Bearbeitungsschritte in die Stufen

Bearbeitungsschritte von Hybrid-Codierungen

❑ *Bildvorbearbeitung,*

❑ *Bildbearbeitung,*

❑ *Quantisierung,*

❑ *Entropie-Codierung*

unterteilt (vgl. [Stei1, S. 169]). In der *Bildvorbearbeitung* werden das geforderte Bildformat und die Zerlegung des Ausgangsbildes in die für die weiteren Schritte benötigten Dateneinheiten beschrieben. Die *Bildbearbeitung* entspricht der Bearbeitung der Dateneinheiten mit verschiedenen Source-Codierungen (hier: meistens Variationen aus DCT und DPCM). Die durch die Source-Codierung erzeugten irrelevanten Informationen werden in der Stufe der *Quantisierung* entfernt, damit die *Entropie-Codierung* (hier: meistens Variationen aus Lauflängen- und Huffman-Codierung) eine hohe Kompression erreicht.

3.1   Extended Color Cell Compression

EXtended Color Cell Compression (XCCC) ist eine Weiterentwicklung der *Color Cell Compression* (CCC). Sie wurde am Lehrstuhl für Praktische Informatik IV der Universität Mannheim entwickelt und ist ein nicht-lizenziertes Kompressionssystem für farbige digitale Bewegtbilder. Ziel war es, eine im Vergleich zu DCT-basierten Verfahren schnelle Decodierung auf Software-Basis zu ermöglichen, sofern der Graphikadapter eine *Color Lookup Table* (CLUT) verwendet.

In [EfLa2] wurde experimentell gezeigt, daß der Geschwindigkeitsgewinn der Decodierung zu Lasten von Kompression und Codiergeschwindigkeit erfolgt. Hierzu wurde ein XCCC-Codec verwendet, der eine CLUT mit 256 Farben benutzt. Das 24-Bit-Bildmaterial mußte deshalb vor der Codierung auf die verwendeten Farben hin analysiert werden, um diese sinnvoll auf 256 Farben reduzieren zu können. Dieser Prozeß ist sehr zeitaufwendig und der Grund für die langsame Codierung.

3.1.1   Bildvorbearbeitung

An das Bildformat wird keine Anforderung gestellt. Es wird das RGB-Farbmodell mit einer Farbtiefe von 8 Bit pro Komponente vorausgesetzt. Bevor mit der Codierung begonnen werden kann, muß eine CLUT bereitgestellt, und das Bild in 16×16-Pixelblöcke aufgeteilt werden. Die CLUT besitzt üblicherweise maximal 256 verschiedene Einträge, so daß mit 1 Byte indiziert werden kann.

3.1.2   Bildbearbeitung und Quantisierung

Jeder Pixelblock wird nach folgendem Algorithmus behandelt:

❑ CCC-Codierung:
  Alle RGB-Werte des Blocks sollen auf zwei RGB-Werte reduziert werden. Die helleren Pixel sollen auf einen RGB-Wert, die dunkleren Pixel auf einen weiteren RGB-Wert abgebildet werden.

Die Helligkeit Y eines Pixels im RGB-Format ergibt sich – aufgrund des menschlichen Sehempfindens – aus der Formel

$$Y := 0{,}3\,R + 0{,}59\,G + 0{,}11\,B\,.$$

Seien

- Y_{av} der mittlere Helligkeitswert aller Pixel des Blocks.
- d die Anzahl derjenigen Pixel des Blocks, die dunkler als Y_{av} sind.
- h die Anzahl derjenigen Pixel des Blocks, die nicht dunkler als Y_{av} sind.

Die Quantisierung Q der Pixelwerte des Blocks $\{(R,G,B)_{ij}\}_{ij}$ auf zwei Werte a und b wird durch

$$Q\left((R,G,B)_{ij}\right) := \begin{cases} a, & \text{falls } Y\left((R,G,B)_{ij}\right) \geq Y_{av} \text{ (»nicht dunkler«)} \\ b, & \text{falls } Y\left((R,G,B)_{ij}\right) < Y_{av} \text{ (»dunkler«)} \end{cases}$$

definiert, wobei $Y\left((R,G,B)_{ij}\right)$ die dem Pixel $(R,G,B)_{ij}$ zugeordnete Helligkeit ist. a und b sind 24-Bit-Farbwerte im RGB-Format. Jeder Farbkanal von b wird auf den ganzzahlig gerundeten Mittelwert der entsprechenden Farbkanäle der d dunkleren Pixelwerte gesetzt. a ergibt sich in analoger Weise aus den anderen h Pixeln[1].

Statt des aus 24-Bit-Werten bestehenden Blocks wird nur ein Bitfeld gespeichert. Über das Bitfeld wird angegeben, ob der dem Pixel entsprechende Helligkeitswert dunkler als der Durchschnitt ist. Anstelle der berechneten 24-Bit-Farbwerte a und b werden zwei Indizes $*a$ und $*b$ gespeichert. Diese geben die Position des entsprechenden Farbwerts in der CLUT wieder[2]. Abbildung 3.1 verdeutlicht diesen Vorgang.

❏ Falls der Block ein 4×4-Block ist, dann STOP. (Kleinere Blöcke sollen nicht berücksichtigt werden.)

❏ Berechne die Differenz δ der Werte des Ausgangsblocks $A = (a_{ij})$ und der CCC-Codierung:

$$\delta := \sum_{i,j} |a_{ij} - b_{ij}|_2\,,$$

wobei b_{ij} dem Pixelwert von a_{ij} nach der Decodierung entspricht.

---

[1]Sollte $h = 0$ sein, wird $a := b$ gesetzt; bei $d = 0$ wird $b := a$ gesetzt. Somit muß mit der Berechnung von a begonnen werden, wenn $d = 0$ ist.

[2]Falls die CLUT die berechnete Farbe nicht enthält, muß die Position einer Farbe verwendet werden, die in der CLUT vorhanden ist und der berechneten Farbe am stärksten ähnelt.

❏ Falls

    – δ kleiner als ein gegebener, konstanter Schwellenwert $\mathcal{S}$ und

    – die Kompression des aktuellen Blocks größer als die Kompression der Teilblöcke ist,

dann STOP.

❏ Partitioniere den Block in vier quadratische Blöcke und wende den Algorithmus rekursiv auf jeden dieser Teilblöcke an.

Abbildung 3.1
Ein RGB-Block und die
CCC-Codierung

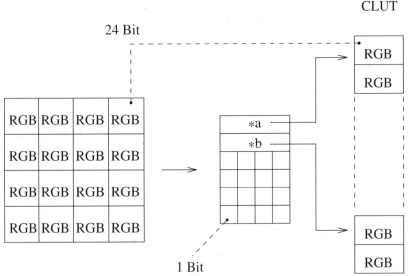

abgewandelt übernommen aus: [EfLa2, S. 184]

3.1.3 Entropie-Codierung

Der Bitstrom besteht aus

❏ den Tags, die Informationen über die Aufteilung eines 16×16-Blocks geben,

❏ den beiden Indizes für die CLUT,

❏ dem Bitfeld.

Diese drei Teile des Bitstromes werden mit verschiedenen Huffman-Codes komprimiert.

3.1.4   Bemerkungen

Die Decodierung ergibt sich durch Auflösen der Huffman-Codierung und anschließendem Auswerten der Tags, Bitfelder und Indizes. Dazu werden die zur Codierung verwendeten Huffman-Tabellen und die verwendete CLUT benötigt.

Decodierung

Die Wahl der CLUT hat einen nicht zu unterschätzenden Effekt auf die Qualität der decodierten Bilder, bleibt jedoch für die Kompression wirkungslos. Anders verhält es sich mit der Wahl des Schwellenwerts S. Die Kompression erhöht sich mit zunehmendem Schwellenwert. Dies resultiert in einer schlechteren Bildqualität.

typische Anwendungsparameter

XCCC erreicht in der Regel keine hohe Bildqualität. Dies wird durch den Zwang zur Farbreduktion begründet: Ein 4×4-Pixelblock darf nach der Codierung – anstelle der 16 möglichen Farbwerte – maximal zwei Farbwerte besitzen. Tabelle 3.1 faßt die wichtigsten Charakteristika und Anwendungsparameter nochmals zusammen.

Charakteristika	typische Anwendungsparameter	
verlustbehaftet	Schwellenwert S	
asymmetrisch[a]	CLUT	
intraframe		
nicht skalierbar		
geringe Qualität		
festes Farbmodell		
variable Bildgrößen		

Tabelle 3.1
XCCC – Charakteristika und Anwendungsparameter

[a]Sofern eine CLUT mit maximal 256 Farbeinträgen verwendet wird.

Die Hauptunterschiede zwischen CCC und XCCC sind:

❑ Verwendung von variablen Blockgrößen

❑ Die Möglichkeit von *Single Color* und *Color Reuse*

Ersteres wurde in 3.1.2 explizit aufgeführt. Unter *Single Color* versteht man die Möglichkeit, anstelle zweier gleicher Indizes eines Blocks nur einen Index abspeichern zu dürfen. In diesem Fall erübrigt sich auch die Speicherung des Bitfeldes. Bei *Color Reuse* wird anstelle des Indexes nur ein Verweis auf einen Index eines anderen Blocks abgespeichert. Durch diese beiden Möglichkeiten wird eine bessere Kompression bei gleicher Qualität erreicht.

3.2   H.261

H.261 ist ein 1990 von der CCITT – heutige ITU-T – verabschiedeter Standard zur Kompression und Dekompression von farbigen digitalen Bewegtbildern. Die treibende Kraft war der Wunsch nach Bildtelefon und Videokonferenz über ISDN. Deshalb wurde dieser Standard [H.261] als symmetrisches Echtzeitkompressionsverfahren konzipiert. Weil ein ISDN-B-Kanal die Bandbreite von 64 kBit/s besitzt und $1 \leq p \leq 30$ B-Kanäle verwendet werden dürfen, ist H.261 auch unter dem Namen »px64« bekannt. Der Codierer erwartet Bilder, die ohne Verwendung des Zeilensprungverfahrens vorliegen, mit einer Bildfrequenz von 29,97 Hz. Sie wird am Eingang des Codierers gemessen und darf eine Toleranz von ±50 ppm aufweisen. Die Videodatenrate kann wahlfrei von 40 kBit/s bis 2 MBit/s vorgegeben werden.

3.2.1   Bildvorbearbeitung

Ein Bild besteht aus drei rechteckigen Matrizen mit einer Farbtiefe von jeweils 8 Bit; eine Luminanz-Matrix (Y), und zwei Chrominanz-Matrizen (C_b und C_r). Die Luminanz-Matrix definiert die Grauwerte, während C_b und C_r die blauen bzw. roten Farbanteile vorgeben. Beide Chrominanz-Matrizen haben in der vertikalen und horizontalen Richtung jeweils die halbe Auflösung der Y-Matrix. Die Lagebeziehung bei der Bildabtastung zwischen Luminanz- und Chrominanz-Samples ist in Abbildung 3.2 dargestellt.

Abbildung 3.2
Lage von Luminanz- und Chrominanz-Samples bei H.261

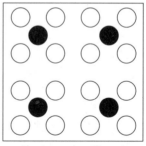

o = Luminanz   ● = Chrominanz

Es werden zwei Wahlmöglichkeiten für die Auflösung der Y-Matrix gegeben, so daß zwei Ausgangsbildformate für die zu codierende Bildsequenz bestehen.   Nach H.261 zu codierende Bildsequenzen müssen entweder im *Quarter Common Intermediate Format* (QCIF) oder im *Common Intermediate Format* (CIF) Format vorliegen. Jede zu H.261 konforme Implementierung muß das QCIF-Format unterstützen; CIF ist optional. Die Bildgrößen dieser Formate entnimmt man Tabelle 3.2.

	CIF (Breite × Höhe)	QCIF (Breite × Höhe)
Y	352 × 288	176 × 144
C_b	176 × 144	88 × 72
C_r	176 × 144	88 × 72

Tabelle 3.2
H.261 Bildgrößen (in Samples)

8 × 8-Samples einer Komponente werden bei H.261 als *Block* bezeichnet. Ein *Makroblock* setzt sich aus vier Luminanzblöcken mit den beiden zugehörigen Chrominanzblöcken zusammen. Die Luminanzblöcke müssen so positioniert sein, daß sie im Ausgangsbild einen zusammenhängenden 16 × 16-Sampleblock bilden.

Die Bildbearbeitung, Quantisierung und anschließende Entropie-Codierung erfolgt pro Makroblock.

3.2.2 Bildbearbeitung

H.261 ist in der Lage, Makroblöcke eines Bildes sowohl intra- als auch interframe zu codieren. Während der Codierung eines Bildes darf zwischen Intra- und Interframe-Codierung beliebig gewechselt werden, solange die Wahl der Methode für einen Makroblock beibehalten bleibt. Welches Verfahren für den aktuell zu codierenden Makroblock verwendet wird, obliegt allein dem im Codierer implementierten Algorithmus zur Bewegungskompensation und wird durch den Standard nicht reglementiert; der Standard H.261 definiert nur den zu erzeugenden Bitstrom.

❏ *Intraframe:* Jeder Block des Makroblocks wird DCT-transformiert; alle DCT-Koeffizienten müssen codiert werden. Dieses Vorgehen entspricht dem Codieren eines I-Bildes bei MPEG.

❏ *Interframe:* Diese Codierungsvariante beruht auf der Bestimmung eines Bewegungsvektors (optional), DPCM, DCT und dem Zuschalten eines Filters (optional). Zur Bestimmung des Bewegungsvektors werden verschobene Makroblöcke des Vorbildes mit dem aktuell zu codierenden Block verglichen. Dazu wird vor Beginn der Codierung ein maximaler Suchbereich angegeben. Die Lage der zu vergleichenden Makroblöcke ist nicht auf das ursprüngliche 16 × 16-Gatter beschränkt. Der am besten übereinstimmende Makroblock wird mit dem aktuell zu bearbeitenden Makroblock DPCM-codiert und anschließend blockweise DCT-transformiert. Zuletzt kann ein Filter zugeschaltet werden, der hochfrequente Störsignale unterdrückt und dadurch die Bildqualität erhöht.

Obwohl die Fähigkeit zur Bestimmung eines Bewegungsvektors optional ist, muß jeder H.261-Codierer in der Lage sein, den aktuell zu codierenden Makroblock mit dem korrespondierenden Makroblock des Vorbildes zu vergleichen. Bei guter Übereinstimmung (nach Implementierungs-Maßstäben, weil der Standard nur den zu erzeugenden Bitstrom definiert) wird ein Nullvektor abgespeichert. Die Codierung des Bewegungsvektors ergibt sich immer aus der relativen horizontalen und vertikalen Lagedifferenz der beiden Makroblöcke.

3.2.3　Quantisierung

❏ *Intraframe:* DC-Koeffizienten werden immer mit dem Q-Faktor 8 quantisiert. Für AC-Koeffizienten stehen 31 verschiedene Q-Faktoren zur Verfügung (ganze Zahlen von 1 bis 31).

❏ *Interframe:* 31 Q-Faktoren mit den möglichen ganzzahligen Werten von 1 bis 31 für alle DCT-Koeffizienten.

Der Q-Faktor wird innerhalb einer *Group Of Blocks* (GOB) – dieser Layer vereint 33 Makroblocks – vorgegeben und auf alle DCT-Koeffizienten mit Ausnahme der intraframe-codierten DC-Koeffizienten angewendet. Er hat solange Gültigkeit, bis er von einem anderen Q-Faktor ersetzt wird. Ein Q-Faktor **muß** zu Beginn einer GOB und **kann** zu Beginn eines Makroblocks auftreten. Die bei den interframe-codierten Makroblöcken verwendete Quantisierung wird als *globale Quantisierung* bezeichnet, da nicht bezüglich der Sichtbarkeit der den DCT-Koeffizienten zugehörigen Basisbilder unterschieden wird.

Klassifizierung der Quantisierungsmöglichkeiten von DCT-Koeffizienten

Die Quantisierung eines DCT-Koeffizienten ergibt sich durch Division mit dem doppelten Wert des für den Makroblock gültigen Q-Faktors; anschließend wird auf die nächste ganze Zahl gerundet. Der Q-Faktor ändert sich also nicht in Abhängigkeit der Größe des zu quantisierenden Werts. Diese Art der Quantisierung erzeugt für jeden DCT-Koeffizienten eine »Treppenfunktion« mit gleichbreiten »Stufen« und wird als *lineare Quantisierung* bezeichnet (man denke hierbei z. B. an eine Modulo-Funktion). Eine Quantisierung, die zwischen betragsmäßig großen und kleinen DCT-Koeffizienten unterscheidet, heißt *nicht-lineare Quantisierung*. Sie erzeugt eine »Treppenfunktion« mit unterschiedlich breiten »Stufen«. Achtung: Dies ist nicht mit der spektralen Quantisierung zu verwechseln, die den Q-Faktor in Abhängigkeit der Sichtbarkeit des dem DCT-Koeffizienten zugeordneten Basisbildes ändert. Man kann also zwischen spektraler und globaler Quantisierung der DCT-Koeffizienten unterscheiden, die ihrerseits linear oder nicht-linear durchgeführt werden können.

3.2.4   Entropie-Codierung

Die Entropie-Codierung erfolgt anhand 5 vom Standard vorgegebener Huffman-Tabellen (für Bewegungsvektoren, quantisierte DCT-Koeffizienten usw.). Interessant ist dabei die Entropie-Codierung der quantisierten DCT-Koeffizienten: Die Blöcke werden in der durch Abbildung 2.5 gegebenen Zickzack-Reihenfolge bearbeitet. Zunächst werden die quantisierten DCT-Koeffizienten mit einer Variante der Lauflängen-Codierung in eine neue Symbolfolge umgewandelt, um die große Anzahl an aufeinanderfolgenden Nullen auszunutzen. Diese wird dann mit den gegebenen Huffman-Tabellen codiert.

Die verwendete Variante der Lauflängen-Codierung wird als *Run-and-Level-Codierung* bezeichnet. Sie beruht auf der Darstellung eines nicht verschwindenden DCT-Koeffizienten, indem anstelle des DCT-Koeffizienten das Tupel »(Lauflänge, Amplitude)« gespeichert wird. Dabei bezeichnet »Lauflänge« die Anzahl der dem DCT-Koeffizienten vorausgehenden Nullkoeffizienten; »Amplitude« speichert den Wert des DCT-Koeffizienten. Weitere Einzelheiten entnimmt man [PVRG1, S. 9] oder dem Standard [H.261].

❏ *Intraframe:* Die quantisierten DC-Koeffizienten eines Makroblocks werden mit jeweils 8 Bit direkt codiert; die quantisierten AC-Koeffizienten werden blockweise Run-and-Level codiert.

❏ *Interframe:* Blockweise Run-and-Level-Codierung, die nicht zwischen den quantisierten AC- und DC-Koeffizienten unterscheidet.

3.2.5   Bemerkungen

Die Decodierung erfolgt in entgegengesetzter Reihenfolge der Codierung. Zur Auflösung der durch die Bewegungsvektoren dargestellten Vorhersagen wird ein Speicher benötigt, der das Vorbild aufnehmen kann. *Decodierung*

Die Quantisierung ist von der Auslastung des Transformationsspeichers abhängig. Bei fast gefülltem Transformationsspeicher werden die globalen Q-Faktoren erhöht (kleinere Q-Faktoren verbessern die Bildqualität und vermindern die Kompression), um die nach der Entropie-Codierung erzeugten Bits zu reduzieren. Deshalb ist die Qualität der codierten Bildsequenzen sehr stark von den Bildinhalten und -bewegungen abhängig. *Steuerung der Datenrate*

Der Codierer darf zwischen zwei codierten Bildern bis zu drei Bilder unterdrücken. Dadurch kann die Bildfrequenz am Ausgang des Codierers auf ungefähr 7,5 Hz, bei der Eingangsbildfrequenz von 29,97 Hz, herabgesetzt werden. Weitere Parameter, die in der Regel *typische Anwendungsparameter* von der Anwendung vorgegeben werden können sind:

❏ maximale Datenrate

❏ Größe des maximalen Suchbereichs zur Bewegungskompensation

❏ CIF- oder QCIF-Bildformat

Durch Variation dieser Parameter lassen sich Rechenzeit, Qualität und Kompression regulieren. Tabelle 3.3 faßt die wichtigsten Charakteristika und Anwendungsparameter nochmals zusammen.

Tabelle 3.3
H.261 – Charakteristika und Anwendungsparameter

Charakteristika	typische Anwendungsparameter
verlustbehaftet (DCT)	maximale Datenrate
symmetrisch	maximaler Suchbereichs-
Echtzeitverfahren[a]	durchmesser
intra- und interframe	CIF- oder QCIF-Bildformat
gute Qualität[b]	Anzahl der zu unterdrücken-
nicht skalierbar	den Bilder (0 bis 3)
festes Farbmodell	
zwei Bildgrößen (CIF und QCIF)	

[a]Sofern geeignete Hardwareunterstützung vorhanden ist.
[b]Sofern die Datenrate dies zuläßt.

3.3 JPEG

Die *Joint Photographic Experts Group* (JPEG) entwickelte verschiedene Verfahren zur Kompression und Dekompression von Graustufen- und Farbbildern, die seit 1992 internationaler Standard der ISO/IEC sind. Obwohl JPEG nur die Einzelbildkompression ermöglicht, kann es als intraframe-codierendes Bewegtbildverfahren aufgefaßt werden. Diese Vorgehensweise ist unter dem Namen *Motion-JPEG* (M-JPEG) bekannt und wird durch Anwendung des JPEG-Verfahrens auf jedes einzelne Bild der zu codierenden Bildfolge realisiert. JPEG definiert vier verschiedene Grundverfahren [PeMi, S. 346]:

JPEG-Grundverfahren

❏ *sequentieller DCT-basierter Modus*

❏ *progressiver DCT-basierter Modus*

❏ *verlustfreier Modus*

❏ *hierarchischer Modus*

Der *hierarchische Modus* codiert ein Bild so, daß es in mehreren Auflösungen vorliegt, die sich durch Zweierpotenzen in der horizontalen und/oder vertikalen Auflösung voneinander unterscheiden. Dazu werden die DCT-basierten und/oder verlustfreien JPEG-Verfahren verwendet. Mit dem hierarchischen Modus werden natürlich geringere Kompressionsraten als bei der Codierung des Bildes in ausschließlich einer Auflösung erreicht. Der Vorteil besteht in der schnellen Skalierbarkeit, da ein Bild in verschiedenen Auflösungen sofort verfügbar ist. Für eine genauere Beschreibung des hierarchischen Modus wird auf [Wal, S. 40f] verwiesen, alle anderen JPEG-Grundverfahren werden in den folgenden Abschnitten detailliert beschrieben.

Aus Variationen der vier Grundverfahren werden vier JPEG-Verfahren definiert, die in Tabelle 3.4 aufgeführt sind. Das erweiterte DCT-basierte Verfahren ist eine echte Obermenge des Basisverfahrens. Da ein JPEG-Decodierer während der Decodierung einer Komponente keine Tabellen laden darf, ist die maximale Anzahl der gleichzeitig verfügbaren Tabellen angegeben. *JPEG-Verfahren*

JPEG will als Toolkit verstanden werden. Deshalb muß eine JPEG-Implementierung nicht alle möglichen JPEG-Verfahren realisieren. Es ist ebenfalls erlaubt, ausschließlich einen JPEG-Codierer oder JPEG-Decodierer zu implementieren. Ein DCT-basierter JPEG-Decodierer muß allerdings ein im Basisverfahren codiertes Bild decodieren können, um eine Standarddecodiermethode zur Verfügung zu stellen. Viele der zur Zeit verwendeten JPEG-Codecs benutzen ausschließlich das Basisverfahren.

3.3.1 Bildvorbearbeitung

JPEG definiert ein von Farbmodell, Farbtiefe und Format weitgehend unabhängiges *Quellbild*: Das Ausgangsbild muß ein rechteckiges Format besitzen und darf aus maximal 255 verschiedenen Farbkomponenten bestehen. Die Komponenten dürfen sich horizontal und vertikal um verschiedene Faktoren unterscheiden[3], müssen aber alle dieselbe Farbtiefe besitzen. Die zulässigen Farbtiefen sind vom verwendeten JPEG-Verfahren abhängig und können Tabelle 3.4 entnommen werden. Nach der Aufteilung des Ausgangsbildes in die Farbkomponenten wird jede Komponente in die dem JPEG-Verfahren angepaßten *Dateneinheiten* zerlegt. Diese sind 8×8-Sampleblöcke für DCT-basierte Verfahren oder einzelne Samples bei verlustfreien Verfahren. *JPEG-Quellbild*

---

[3]JPEG macht hier gewisse Restriktionen, die dem Standard entnommen werden können.

sequentielles DCT-basiertes Verfahren (Basisverfahren)

- DCT-basiertes Verfahren
- Quellbild: 8-Bit-Farbtiefe pro Sample
- sequentiell
- Quantisierung: 4 Tabellen
- Huffman-Codierung: 2 AC- und 2 DC-Tabellen
- interleaved und non-interleaved Scans
- nicht skalierbar

erweitertes DCT-basiertes Verfahren

- DCT-basiertes Verfahren
- Quellbild: 8- oder 12-Bit-Farbtiefe pro Sample
- sequentiell oder progressiv
- Quantisierung: 4 Tabellen
- Huffman- oder Arithmetische Codierung: 4 AC- und 4 DC-Tabellen
- interleaved und non-interleaved Scans
- nicht skalierbar

verlustfreies Verfahren

- auf Vorhersage beruhendes Verfahren
- Quellbild: N-Bit-Samples ($2 \leq N \leq 16$)
- sequentiell
- Huffman- oder Arithmetische Codierung: 4 DC-Tabellen
- interleaved und non-interleaved Scans
- nicht skalierbar

hierarchisches Verfahren

- verwendet erweitertes DCT-basiertes und/oder verlustfreies Verfahren
- skalierbar

Es wird zwischen zwei Verarbeitungsreihenfolgen der Dateneinheiten unterschieden:

JPEG-Verarbeitungsreihenfolgen

❏ *non-interleaved*

❏ *interleaved*

Die komponentenweise Bearbeitung der Dateneinheiten wird als *non-interleaved* bezeichnet. Dabei ist die Bearbeitungsreihenfolge der Dateneinheiten wie in Abbildung 3.3 dargestellt. Decodiert man ein aus mehreren Komponenten bestehendes non-interleaved codiertes Bild, werden viele Pixel nach der Decodierung der ersten Komponente nicht in der endgültigen Farbe angezeigt. Es sei denn, man benutzt einen Zwischenspeicher, in dem das Bild vor der Anzeige aufgebaut wird. Dieser Nachteil kann durch *interleaved* angeordnete Dateneinheiten beseitigt werden. Man codiert nach der Reihenfolge derjenigen Samples (verschiedener Komponenten), die Einfluß auf die Farbe desselben Pixels haben (innerhalb einer Komponente ist die Bearbeitungsreihenfolge der Dateneinheiten wie in Abbildung 3.3 dargestellt). Auf diese Weise kann das Bild bereits während der Decodierung pixelweise in den endgültigen Farben angezeigt werden. JPEG erlaubt innerhalb eines Quellbildes die Verwendung von interleaved und non-interleaved angeordneten Komponenten. Es dürfen allerdings maximal vier Komponenten interleaved codiert werden [Wal, S. 37].

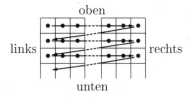

oben

links   rechts

unten

abgewandelt übernommen aus: [Stei2, S. 188, Abb. 7]

Abbildung 3.3
Verarbeitungsreihenfolge der Dateneinheiten einer Komponente

3.3.2 Bildbearbeitung

❏ *DCT-basiert:* Der zu codierende 8×8-Sampleblock wird DCT-transformiert.

❏ *Verlustfrei:* In einem 2×2-Sampleblock wird das zu codierende Sample aufgrund der restlichen drei vorhergesagt; der Fehler wird codiert. Für die Vorhersage stehen verschiedene Methoden zur Verfügung, von der die mit dem kleinsten Fehler ausgewählt wird. Eine Auflistung der Methoden ist z. B. in [Stei2, S. 192] zu finden.

3.3.3   Quantisierung

DCT-basiert: Im Gegensatz zu H.261 wird spektral quantisiert, d. h.
jeder DCT-Koeffizient des 8×8-Sampleblocks darf mit einem anderen Q-Faktor quantisiert werden (beim Basisverfahren, das 8-Bit-
Samples verwendet, ganze Zahlen von 1 bis 255). Dabei ist zu beachten, daß die durch 8×8 Q-Faktoren definierte Quantisierungstabelle
während der Quantisierung einer Komponente nicht verändert werden darf (JPEG untersagt das Wechseln von Huffman- oder Quantisierungstabellen während der Decodierung einer Komponente). Obwohl der Standard keine Quantisierungstabellen vorschreibt, existieren Empfehlungen für deren Wahl (sogenannte Standard-Tabellen).
Die Durchführung der spektralen Quantisierung erfolgt anhand des
bekannten Prinzips: Jeder DCT-Koeffizient wird durch den zugeordneten Q-Faktor dividiert und anschließend auf die nächste ganze Zahl
gerundet.

Bei verlustfreien Verfahren findet natürlich keine Quantisierung
statt.

3.3.4   Entropie-Codierung

❏ *Sequentiell und DCT-basiert:* Die quantisierten DC- und AC-
Koeffizienten werden getrennt bearbeitet. Zunächst werden die
Koeffizienten blockweise auf eine neue Symbolfolge (»intermediate
symbol sequence«) abgebildet und anschließend mit der Arithmetischen oder Huffman-Codierung komprimiert. Im Falle der
Huffman-Codierung können für DC- und AC-Koeffizienten ge-
trennte Huffman-Tabellen verwendet werden (siehe Tabelle 3.4).
Wie bei den Quantisierungstabellen schreibt der JPEG-Standard
keine Huffman-Tabellen vor; es existieren aber Empfehlungen [Wal, S. 40]. Im folgenden wird die Konstruktion der
»intermediate symbol sequence« beschrieben.

Zur Codierung der 63 quantisierten AC-Koeffizienten wird von
vielen Nullwerten ausgegangen. Um daraus einen Vorteil ziehen
zu können, wird jeder nicht verschwindende, quantisierte AC-
Koeffizient durch zwei neue Symbole ersetzt. Die Ersetzung ist
so geschickt, daß die Nullkoeffizienten nicht mehr explizit codiert werden müssen. Das erste Symbol ist ein Tupel der Form
»(Lauflänge, Größe)«; das zweite entspricht dem Wert des quantisierten AC-Koeffizienten. Die »Lauflänge« entspricht der Anzahl
der dem quantisierten AC-Koeffizienten vorausgehenden (in der
Zickzack-Reihenfolge) Nullwerte; »Größe« gibt die zur Darstellung
des quantisierten AC-Koeffizienten notwendigen Bits an.

Der quantisierte DC-Koeffizient wird mit dem quantisierten DC-
Koeffizienten des vorhergehenden Blocks (derselben Komponente)

DPCM-codiert. Dabei wird von der Vorstellung ausgegangen, daß sich die Grundfarben zweier aufeinanderfolgender Blöcke (derselben Komponente) nur wenig unterscheiden. Der DPCM-codierte Koeffizient wird dann durch das Tupel »(Größe, Amplitude)« repräsentiert; »Größe« gibt die Anzahl der zur Speicherung von »Amplitude« benötigten Bits an. Hierbei entspricht »Amplitude« dem Wert des DPCM-codierten DC-Koeffizienten.

❏ *Progressiv und DCT-basiert:* In diesem Modus existiert zwischen Quantisierung und Entropie-Codierung ein Speicher. Dieser erfaßt das quantisierte Bild und ermöglicht eine in mehreren *Scans* durchgeführte Entropie-Codierung, die analog zum sequentiellen Fall erfolgt.

Ein Scan entspricht in der JPEG-Notation dem vollständigen Durchlauf durch eine Komponente. Hierbei wird zwischen zwei Durchlaufmöglichkeiten – *Spectral Selection* und *Successive Approximation* – unterschieden. Erstere bearbeitet zuerst die niederfrequenten (quantisierten) DCT-Koeffizienten, während letztere zunächst die höherwertigen Bits codiert (siehe Abbildung 3.4).

Der Unterschied zwischen sequentieller und progressiver Codierungstechnik zeigt sich dem Benutzer normalerweise durch den pixelweisen Bildaufbau (im ersten Fall) und durch einen sich immer weiter verfeinernden Gesamtbildaufbau (im zweiten Fall).

❏ *Verlustfrei:* Die Entropie-Codierung verläuft fast identisch zur Entropie-Codierung der quantisierten und DPCM-codierten DC-Koeffizienten [Wal, S. 36].

Weitere Einzelheiten der Entropie-Codierung entnimmt man z. B. [Wal, S. 39f], [Stei2, S. 191] oder dem JPEG-Standard [JPEG].

3.3.5 Bemerkungen

Zur Decodierung müssen die verwendeten Quantisierungs- und Huffman-Tabellen bekannt sein; sie erfolgt in der umgekehrten Codierreihenfolge.

Decodierung

Ein Decodierer, der ausschließlich das Basisverfahren unterstützt, kann maximal zwei Paare von Huffman-Tabellen (für AC- und DC-Koeffizienten) gleichzeitig zur Decodierung laden (siehe Tabelle 3.4). Weil ein JPEG-Decodierer **während** des Decodierens einer Komponente keine Tabellen laden kann, muß bei drei interleaved angeordneten Komponenten ein Paar von Huffman-Tabellen auf zwei Komponenten angewendet werden. Diese Einschränkung wirkt sich negativ auf den Kompressionsfaktor aus. Besteht die Wahl zwischen YUV- oder RGB-Format, sollte das YUV-Format bevorzugt und auf

Ein geeignetes Farbmodell für das JPEG-Basisverfahren

Abbildung 3.4
Die beiden Varianten der progressiven Codierung

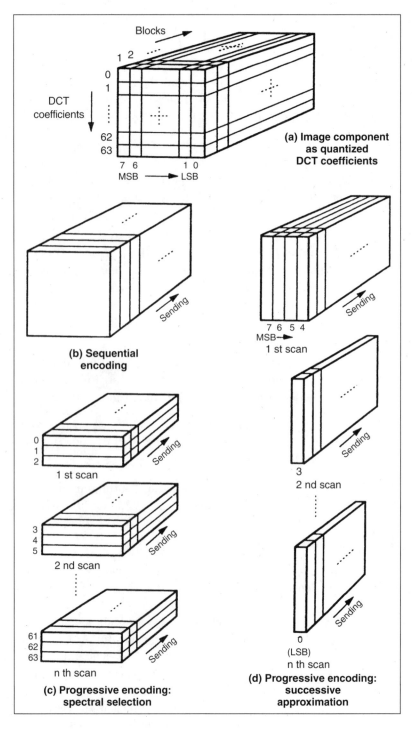

(a) Image component as quantized DCT coefficients

(b) Sequential encoding

(c) Progressive encoding: spectral selection

(d) Progressive encoding: successive approximation

Quelle: [Wal, S. 41]

beide Chrominanzkomponenten dieselbe Huffman-Tabelle angewendet werden. Der Grund hierfür ist die ähnliche DCT-Koeffizienten-
Statistik der Chrominanz-Komponenten [Wal, S. 38]. Deshalb unterscheidet sich die Kompression mit nur einem Tabellenpaar fast nicht
von der mit zwei Paaren. Das eben geschilderte Problem tritt bei
non-interleaved angeordneten Komponenten nicht auf, da der Decodierer nach jeder Komponente ein neues Paar Huffman-Tabellen
laden kann. Die Quantisierung ist immer problemlos möglich, da
die maximale Anzahl an interleaved angeordneten Komponenten der
Anzahl der gleichzeitig verfügbaren Quantisierungstabellen entspricht
(jeweils vier Stück). Die von Anwendungen regelbaren Parameter bei
DCT-basierten Verfahren sind:

typische Anwendungsparameter

❏ Bildformat (Größe, Farbmodell, Anzahl der Komponenten)

❏ Wahl der Huffman-Tabellen (individuell angepaßt oder vorgegeben)

❏ Wahl der Quantisierungstabellen

In der Regel werden von der Implementierung Quantisierungstabellen vorgegeben. Auf diese nimmt die Anwendung mit einem Q-
Faktor Einfluß, der mit den verwendeten Quantisierungstabellen multipliziert wird. Mit steigendem Q-Faktor sinkt die Qualität zugun-
sten der Kompression. Eine zu große Quantisierung ergibt die für
DCT-basierte Verfahren bekannte sichtbare Blockbildung. Beispiele für Quantisierungstabellen, die die spektralen Eigenschaften gut
berücksichtigen, sind in [PeMi, S. 37] (für Farbmodelle, die zwischen Helligkeit und Farbe unterscheiden) und in [PePeMoPe] (für
das RGB-Farbmodell) aufgeführt. Tabelle 3.5 listet die wichtigsten
Charakteristika des JPEG-Basisverfahrens und die Anwendungsparameter auf.

Charakteristika	typische Anwendungsparameter
verlustbehaftet (DCT)	Q-Faktor
symmetrisch	
intraframe	
gute Qualität[a]	
nicht skalierbar	
beliebiges Farbmodell	
beliebige Bildgrößen	

Tabelle 3.5
*JPEG-Basisverfahren –
Charakteristika und
Anwendungsparameter*

[a]Sofern die Kompression (Q-Faktor) dies zuläßt.

3.4 MPEG-1

MPEG-1 wurde 1993 als Standard der ISO/IEC verabschiedet. Ziel war es, für Medien mit geringer Bandbreite (1 MBit/s bis 1,5 MBit/s) die Übertragung von farbigen digitalen Bewegtbildern (ohne Zeilensprungverfahren) mit zugehörigem digitalen Audio in akzeptabler Bildfrequenz und möglichst guter Qualität zu erreichen. Man dachte dabei vor allem an Single-Speed-CD-ROMs, die eine Datenrate von 150 KByte/s $\approx$ 1,2 MBit/s, preiswerte Datenträger und wahlfreien Zugriff bieten.

Fähigkeiten und Eigenschaften von MPEG-1
Erlaubte Bildfrequenzen sind: 23,976 Hz, 24 Hz, 25 Hz, 29,97 Hz, 30 Hz, 50 Hz, 59,94 Hz und 60 Hz. MPEG-1 stellt u. a. Funktionen wie wahlfreien Zugriff, schnellen und langsamen Vor- und Rücksuchlauf, vorwärts und rückwärts Abspielen, sowie Synchronisieren von Video- und Audiosignalen zur Verfügung. Wie bereits in der Einleitung erwähnt, wird auf die Audio-Aspekte von MPEG-1 nicht eingegangen, weil in diesem Buch ausschließlich Verfahren zur Bildkompression behandelt werden sollen.

Prinzipien von JPEG und H.261 spielen in diesem Standard eine bedeutende Rolle. So will MPEG-1, wie auch JPEG, als *generischer Standard* – d. h. anwendungsunabhängig und der Idee eines Toolkits folgend – verstanden werden. Eine Implementierung muß deshalb nicht alle Features bereitstellen. In Übereinstimmung mit JPEG und H.261 wird nicht die Implementierung, sondern der zu erzeugende Bitstrom, definiert. Zur Zeit wird MPEG-1 für Karaoke, CD-i und Bildplatten verwendet (obwohl MPEG-1 auch für symmetrische Anwendungen geeignet ist). MPEG-Decoder-Karten werden mittlerweile ab 500, – DM angeboten (Stand: August 1995).

MPEG-1-Bildtypen
Um einen Kompromiß zwischen wahlfreiem Zugriff und guter Kompression zu ermöglichen, unterscheidet MPEG-1 zwischen drei (von insgesamt vier) verschiedenen Bildtypen:

❏ *I(ntraframe)-Bilder* sind intraframe-codierte Bilder, die eventuelle Redundanzen zwischen aufeinanderfolgenden Bildern unberücksichtigt lassen und nach Prinzipien des JPEG-Basisverfahrens codiert werden. Sie bieten einen wahlfreien Zugriff, dürfen als Referenz zur Codierung anderer Bilder dienen und bieten von allen in MPEG-1 definierten Bildtypen die schlechteste maximale Kompression.

❏ *P(rädiktive)-Bilder* benötigen Informationen des vorherigen I- oder P-Bildes zur Decodierung und Codierung. P-Bilder ermöglichen, durch Ausnutzung zeitlicher und räumlicher Redundanzen, eine bessere Kompression als I-Bilder. Sie dürfen ebenfalls als Referenz zur Codierung anderer Bilder verwendet

werden. Der Zugriff auf ein P-Bild ist erst nach der Decodierung
auf das zur Codierung benutzte I- oder P-Bild möglich. Möchte
man auf ein P-Bild zugreifen, müssen somit das vorhergehende
I-Bild und alle dazwischen liegenden P-Bilder decodiert werden.
Diese Art der Bildcodierung ist an H.261 angelehnt.

❑ *B(idirektionale)-Bilder* benötigen Informationen vom vorhergehenden und/oder folgenden I- und/oder P-Bild. Sie bieten den
größten maximalen Kompressionsfaktor dieser drei Bildtypen,
indem sie die Codierungsmöglichkeiten der anderen beiden Bild-
arten erlauben und erweitern. B-Bilder dürfen nicht als Referenz zur Codierung anderer Bilder benutzt werden. Zur Recht-
fertigung für die Verwendung von B-Bildern wird auf Abbildung 3.5 verwiesen.

Da B-Bilder Referenzen auf vergangene und zukünftige Bilder besitzen können, ist die Reihenfolge der Decodierung (Anordnung nach
der Codierung) und die logische Reihenfolge (Anordnung vor der Codierung) oft unterschiedlich. Erstere wird als *Codierfolge* und letztere
als *Anzeigefolge* bezeichnet. Im folgenden wird unter der Reihenfolge
– sofern nicht anders erwähnt – immer die Anzeigefolge verstanden.
Ein Beispiel zur Veranschaulichung: Der MPEG-Codierer erhält die
Anweisung, die nächsten 3 Bilder als »IBP« Sequenz zu codieren. Somit ist »IBP« die Anzeigefolge und »IPB« die Codierfolge, weil zur

*Bei B-Bildern können Bilddetails aus einem vorhergehenden und einem folgen-
den Bild durch Bewegungskompensation codiert werden. Im Beispiel ist die
Person im I-Bild noch durch die geschlossene Tür verdeckt, so daß eine Bewegungskompensation nicht anwendbar ist. Vom folgenden P-Bild ausgehend
ist dies für eine Hälfte der Person zu erwägen.*

Abbildung 3.5
*Der Einsatz von
B-Bildern*

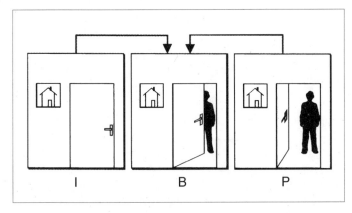

Quelle: [Buck, S. 119]

Decodierung des B-Bildes beide Referenzbilder bereits uncodiert vorliegen müssen. Der Decodierer kann nun I-, P- und B-Bild nachein-
ander decodieren.

Eine weitere Konsequenz, die sich aus der Benutzung von B-Bildern
ergibt, ist der Bedarf eines Speichers für zwei Bilder. Die vierte –
und letzte – von MPEG-1 definierte Bildart ist das

- ❏ *D(C)-Bild.* Ein D-Bild ist intraframe-codiert, wobei die AC-
  Koeffizienten ignoriert (nicht im Datenstrom berücksichtigt)
  werden. D-Bilder ermöglichen den schnellen Vor- und Rücklauf
  und dürfen niemals im selben Datenstrom mit I-, P- oder B-
  Bildern auftreten.

Was sind GOPs, und wozu kann man sie verwenden?

Eine wichtige Datenstruktur von MPEG-1 ist die *Group Of Pictures*
(GOP). Sie beinhaltet eine feste Anzahl von aufeinanderfolgenden
Bildern und garantiert, daß das erste Bild der GOP ein I-Bild ist.
Anhand der GOP erkennt der Codierer, ob er ein Bild als I-, P-, oder
B-Bild codieren, und welche(s) Referenzbild(er) verwendet werden
soll(en). Dabei wird von den folgenden Regeln ausgegangen: Um ein
P-Bild zu codieren, wird als Referenzbild das letzte vorhergehende
I- oder P-Bild gewählt (Vorwärts-Prediction). Bei der Codierung
eines B Bildes ist das letzte vorhergehende I- oder P-Bild das erste
Referenzbild; das zweite Referenzbild ist das nächste folgende I- oder
P-Bild (Rückwärts-Prediction).

Möchte man auf ein codiertes B-Bild zugreifen, muß maximal die
GOP und das erste Bild der folgenden GOP (I-Bild) decodiert werden. Somit wird durch die GOP ein Instrument zum einfachen
Editieren eines MPEG-1 gespeicherten Videos gegeben. Desweiteren wird durch diese Datenstruktur mit akzeptablem Speicherauf-
wand (abhängig von der Anzahl der Bilder einer GOP) das langsame
Rückwärtsabspielen ermöglicht. Hierzu müssen alle Bilder einer GOP
decodiert und gespeichert werden, bevor sie in der umgekehrten Reihenfolge angezeigt werden. Für den schnellen Vor- oder Rücklauf
wird, wegen des hohen Speicher- und Rechenaufwands, eine Kopie
des Videos zur Verfügung gestellt, die ausschließlich aus D-Bildern
besteht.

Normalerweise wird nur das erste Bild einer GOP als I-Bild codiert.
Deshalb sind die I-Bilder zeitlich weit voneinander entfernt, wenn
eine GOP mit zu vielen Bildern gewählt wurde; das stellt eine Be-
einträchtigung des wahlfreien Zugriffs dar. Entscheidet man sich für
eine zu kleine GOP, werden die zeitlichen Abhängigkeiten nicht rich-
tig ausgenutzt und es leidet der Kompressionsfaktor. Bei einer Bildfrequenz von 25 Hz hat es sich bewährt, eine GOP aus neun Bildern
aufzubauen, bei der das erste als I-Bild, jedes weitere dritte als P-

Bild und alle restlichen als B-Bilder codiert werden (IBBPBBPBB) [Stei2, S. 195].

3.4.1 Bildvorbearbeitung

MPEG-1 verwendet dasselbe Bildformat wie H.261, allerdings ist die Bildgröße beliebig; die Auflösung der Luminanzkomponente »sollte« jedoch 768×576 Samples nicht überschreiten (siehe Tabelle 3.6). Analog zu H.261 durchlaufen die Makroblöcke eines Bildes die im folgenden näher beschriebenen Codierungsstufen (Block und Makroblock haben dieselbe Bedeutung wie bei H.261).

3.4.2 Bildbearbeitung

❑ *I- und D-Bild:* Alle Blöcke des Makroblockes werden DCT-transformiert. Bei einem D-Bild werden nur die DC-Koeffizienten weiterverarbeitet, die AC-Koeffizienten werden ignoriert.

❑ *P-Bild:* Der Makroblock wird innerhalb eines gewissen Suchbereichs, den die Anwendung festlegen kann, mit Makroblöcken des vorherigen Referenzbildes verglichen. Wird ein gut passender, verschobener Makroblock gefunden, werden diese beiden Makroblöcke zuerst DPCM-codiert, anschließend DCT-transformiert und abschließend der Bewegungsvektor hinzugefügt. DPCM-codierte Makroblöcke, die nach der DCT nur aus Nullen bestehen, werden nicht weiter bearbeitet, sondern als ausgezeichneter 6-Bit-Wert im Datenstrom codiert. Der Bewegungsvektor ergibt sich aus der relativen horizontalen und vertikalen Lagedifferenz der beiden Makroblöcke. Wurde kein gut passender Referenzmakroblock gefunden, wird der Makroblock intraframe-codiert. Wann zwei Makroblöcke gut übereinstimmen, sowie der Algorithmus zur Bestimmung der Referenzmakroblöcke obliegt allein der Implementierung; der Standard MPEG-1 reglementiert ausschließlich den zu erzeugenden Bitstrom (entsprechend zu H.261). So könnte eine Implementierung die Intraframe-Codierung dann für sinnvoll erachten, wenn die Interframe-Codierung eines Makroblocks mit allen möglichen Referenzmakroblöcken wenig Nullkoeffizienten ergibt. In diesem Fall kann mit der Intraframe-Codierung eine größere Kompression erreicht werden, da keine Bewegungsvektoren codiert werden müssen.

❏ *B-Bild:* Hier wird zur Bewegungskompensation nach verschobenen Makroblöcken aus einem der beiden Referenzbildern gesucht. Zusätzlich werden Makroblöcke aus den beiden Referenzbildern interpoliert und mit dem aktuellen Makroblock verglichen. Von diesen Möglichkeiten wird die beste ausgewählt. Entsteht diese aus nur einem Bild, ist die weitere Vorgehensweise entsprechend der Codierung eines P-Bild-Makroblocks. Bei der Vorhersage durch Interpolation werden die beiden Bewegungsvektoren codiert, der interpolierte Makroblock mit dem aktuellen Makroblock DPCM-codiert und anschließend DCT-transformiert. Wie bei P-Bildern liegt es in der Hand der Implementierung, den Makroblock bei schlechter Vorhersage intraframe zu codieren.

Die Suche nach passenden verschobenen Referenzmakroblöcken darf in halben Pixelschritten erfolgen.

3.4.3 Quantisierung

In MPEG ist es möglich, jeweils vor einer GOP bis zu zwei verschiedene 8×8-Quantisierungsmatrizen zur spektralen Quantisierung zu laden. Die spektrale Quantisierung der intraframe-codierten DC-Koeffizienten ist fest vorgegeben und wird deshalb durch die Wahl der Quantisierungsmatrizen nicht beeinflußt. Eine Quantierungsmatrix wird auf die DCT-Koeffizienten der intraframe-codierten Makroblöcke, eine auf die DCT-Koeffizienten aller anderen Makroblöcke angewendet. Dies steht im Gegensatz zu den DCT-basierten JPEG Verfahren, die die Quantisierungsmatrizen komponentenweise anwenden. Der Grund der Verwendung zweier Quantisierungsmatrizen ist die Tatsache, daß DPCM-codierte DCT-Koeffizienten andere statistische Eigenschaften als intraframe-codierte DCT-Koeffizienten besitzen.

Datenratekontrolle   Unter einem *Slice* werden mehrere aufeinanderfolgende Makroblöcke eines Bildes verstanden. In jedem *Slice* **muß** und in jedem Makroblock **kann** ein ganzzahliger Q-Faktor aus dem Intervall $[1, 31]$ zur globalen Quantisierung vorgegeben werden. Jeder Q-Faktor behält solange Gültigkeit, bis er überschrieben wird. Der globale Q-Faktor wird nach der spektralen Quantisierung auf alle Blöcke eines Makroblocks angewendet. Die globale Quantisierung dient – wie auch bei H.261 – zur Kontrolle der Datenrate und wird mit dem doppelten Wert des globalen Q-Faktors durchgeführt. In jedem Fall werden die Quantisierungen linear vorgenommen, d. h. unabhängig von der Größe des zu quantisierenden Werts. Weitere Einzelheiten entnimmt man z. B. [PVRG3, S. 8] und dem Standard [MPEG1].

3.4.4 Entropie-Codierung

Wie bei H.261 ist diese Phase der Codierung ein zweistufiger Prozeß, bei dem alle verwendeten Huffman-Tabellen vom Standard vorgegeben sind. Im ersten Schritt werden die quantisierten DCT-Koeffizienten mit einer Variante der Lauflängen-Codierung (»Run-and-Level«) in eine neue Symbolfolge umgewandelt, die dann mit vorgegebenen Huffman-Tabellen codiert wird.

Bewegungsvektoren von aufeinanderfolgenden Makroblöcken werden DPCM und anschließend mit vorgegebenen Huffman-Tabellen codiert. Hierbei nutzt man aus, daß sich benachbarte Bildbereiche oft in dieselbe Richtung verschieben.

Quantisierte DC-Koeffizienten von intraframe-codierten Makroblöcken werden durch das Tupel »(Größe, Amplitude)« codiert. Hierbei entspricht »Größe« der zur Speicherung von »Amplitude« benötigten Bits; »Amplitude« entspricht dem Wert des quantisierten DC-Koeffizienten.

Aufgrund der eben beschriebenen Vorgehensweise erhält man einen Eindruck des Ablaufs der Entropie-Codierung von Makroblöcken in I-, B-, P- und D-Bildern. Weitere Einzelheiten findet man z. B. in [Stei2], [PVRG3] und dem Standard [MPEG1].

3.4.5 Bemerkungen

Decodierung

Bei der Decodierung wird zur Auflösung der Vorhersagen ein Bildspeicher für zwei Bilder benötigt. In diesen werden die I- und P-Bilder in Codierfolge eingelesen; ersetzt wird nach FIFO-Ordnung. Die Decodierung erfolgt in der der Codierung entgegengesetzten Reihenfolge und benötigt für jede GOP die verwendeten Quantisierungsmatrizen.

Parameter

MPEG-1 deckt einen großen Parameterbereich ab. Um eine Überdimensionierung von MPEG-Implementierungen zu vermeiden, wurde das *Constrained Parameter Set* (CPS) definiert (siehe Tabelle 3.6). Ein MPEG-1-Decodierer erfüllt das CPS, wenn er

(1) Bilder der Auflösung 352×240 mit einer Bildfrequenz von 30 Hz und

(2) Bilder der Auflösung 352×288 mit einer Bildfrequenz von 25 Hz

decodieren kann. Diese beiden Angaben werden unter dem Begriff *Standard Interchange Format* (SIF) zusammengefaßt.

Parameter	zulässiger Wertebereich
horizontale Bildgröße	≤ 768
vertikale Bildgröße	≤ 576
Makroblöcke/Sekunde	$\leq 396 \cdot 25$
Bildfrequenz	≤ 30 Hz
Bewegungsvektorbereich	$\leq$ (-64/+63,5) Pixel (einschl. Half-Pel-Vektoren)
Eingangsbuffergröße (VBV Model)	$\leq 327\,680$ Bit
Bitrate	$\leq 1,856$ MBit/s

Tabelle 3.6
Das MPEG-1 Constrained Parameter Set (CPS)

Quelle: [Tei1, S. 159]

In der Regel können die folgenden Parameter von der Anwendung vorgegeben werden:

❏ Länge und Struktur der GOP

❏ Bildgröße

❏ maximaler Suchbereich zur Bewegungskompensation

❏ maximale Datenrate

❏ Quantisierungsmatrizen für intraframe- und interframe-codierte Makroblöcke.

Durch Variation dieser Parameter werden Kompression, Qualität und Rechenzeit beeinflußt. Tabelle 3.7 faßt die wichtigsten Charakteristika und Anwendungsparameter von MPEG-1 nochmals zusammen.

Tabelle 3.7
MPEG-1 –
Charakteristika und Anwendungsparameter

Charakteristika	typische Anwendungsparameter
verlustbehaftet (DCT)	maximale Datenrate
symmetrisch und asymmetrisch	maximaler Suchbe-
intra- und interframe	reichsdurchmesser
gute Qualität[a]	Bildgröße
nicht skalierbar	Länge und Struktur
festes Farbmodell	der GOP
beliebige Bildgrößen	

[a]Sofern die Datenrate dies zuläßt.

3.4.6 Erweiterungen von MPEG-2

Dieser Abschnitt gibt keine detaillierte Beschreibung von MPEG-2, sondern soll ausschließlich die wichtigsten Erweiterungen von MPEG-2 bezüglich MPEG-1 darstellen. Nähere Informationen können z. B. [Stei2], [Tei1], [Tei2] und dem Draft-Standard [MPEG2] entnommen werden.

MPEG-2-Video erreichte im März 1994 die Phase des Draft International Standards (DIS) der ISO/IEC und ist zum aktuellen Zeitpunkt (August 1995) noch kein Standard der ISO/IEC (obwohl MPEG-2-Audio bereits ein Standard der ISO/IEC ist). In Übereinstimmung mit MPEG-1 ist MPEG-2 ein Verfahren zur Kompression von digitalen Bewegtbildern mit zugehörigem Audio. Es erlaubt Datenraten bis zu 100 MBit/s und kann auch für »richtige« Videoanwendungen eingesetzt werden (Bildmaterial und Wiedergabegeräte mit Zeilensprung). Einsatzgebiete von MPEG-2 sind z. B. die digitale Videoübertragung über Satellit und Breitbandkabel, sowie Tele-Shopping. Die grundlegenden Ideen und Codierungsmethoden haben ihren Ursprung in MPEG-1. *Was ist MPEG-2?*

MPEG-2 erweitert die Bewegungskompensation von MPEG-1 und erlaubt eine alternative Reihenfolge beim Durchlauf durch die DCT-Koeffizienten, um auch Bildmaterial mit Zeilensprung effektiv codieren zu können. Zudem werden Algorithmen für skalierbare und hierarchische Codierung definiert. Dadurch ist es z. B. möglich, denselben Datenstrom für TV- und HDTV-Systeme zu verwenden. *wichtige Video-Erweiterungen*

Die Parameterbereiche (maximale Datenrate und zugehörige maximale Bildgröße und -frequenz) werden in *Levels* und die Codiermethoden in *Profile* eingeteilt, um eine Überdimensionierung von Decodierern zu vermeiden (vgl. Abbildung 3.8). Die Aufteilung in Levels und Profile entspricht somit einer komplexeren CPS-Definition von MPEG-1. Das von MPEG-1 bekannte SIF-Format entspricht dem Low-Level von MPEG-2 mit einer maximalen Datenrate von 4 MBit/s. Das Main-Profil von MPEG-2 kann mit den von MPEG-1 bekannten Codiermethoden identifiziert werden. Ein MPEG-2-Decodierer, der das Low-Level und das Main-Profil (LL@MP) unterstützt, muß MPEG-1-SIF-codierte Bilder decodieren können (Rückwärtskompatibilität).

Die Stereocodierung von MPEG-1 wird zur *Mehrkanal-Codierung* erweitert. Die Mehrkanal-Codierung enthält die beiden Stereokanäle, den Mitten-Frontkanal und zwei Raumklangkanäle, das sogenannte 3/2-Stereo-Format. Andere Formate, wie 3/1, 3/0, 2/2 und 2/1 werden ebenso unterstützt wie konventionelle Stereo- und Monocodierung [Tei1, S. 163]. In den letzten beiden Fällen (konventionelle Stereo- und Monocodierung) wird die Rückwärtskompatibilität zwi- *wichtige Audio-Erweiterungen* schen MPEG-1- und MPEG-2-Audio gewährleistet. Eine Vorwärts-kompatibilität besteht insofern, daß MPEG-1-Audio-Decodierer die Stereoinformation eines MPEG-2-Audio-Datenstroms lesen und interpretieren können [Tei1, S. 163].

(Parametergrenzen) maximale Anzahl von Pixel/s		max. Bitrate	»Levels«	Simple	Main	SNR Scalable	Spatial Scalable	High
1920 ×1080 ×30	1920 ×1152 ×25	80 MBit/s (1)	High	*	MP@HL	*	*	HP@HL
1440 ×1080 ×30	1400 ×1152 ×25	60 MBit/s (2)	High-1440	*	MP @H14L	*	SSP @H14L	HP @14L
720 ×480 ×30	720 ×576 ×25	15 MBit/s (3)	Main	SP@ML	MP@ML	SNRP @ML	*	HP @ML
352 ×240 ×30	352 ×288 ×25	4 MBit/s	Low	*	MP@LL	SNRP @LL	*	*

»Profiles«

Profile-Beschreibungen:
- **Simple:** 4:2:0, keine bidirektionale Prädiktion
- **Main:** 4:2:0, keine Skalierbarkeit
- **SNR Scalable:** 4:2:0 SNR-Skalierbarkeit
- **Spatial Scalable:** Main + SNR-Skalierbarkeit
- **High:** Main + Auflösungs-skalierbarkeit (einschl. 4:2:2, usw.); gesamte Funktionalität (Codierungs-werkzeuge, Funktionalität)

* noch nicht definiert
(1) bei HP: 100 MBit/s
(2) bei HP: 80 MBit/s
(3) bei HP: 20 MBit/s

Tabelle 3.8
»Profile«- und »Level«-Organisation in MPEG-2-Video

Quelle: [Tei1, S. 161]

3.5 Bildkompression mit Wavelets

Der Sinn von Wavelets in der Bildkompression

Bei effektiven Bildkompressionsalgorithmen werden nur die für den Menschen gut wahrnehmbaren Daten codiert und ein nicht wahrnehmbarer Informationsverlust in Kauf genommen. Das Problem bei Bildkompressionsalgorithmen besteht also darin, die Ausgangsdaten so darzustellen, daß erkennbar ist, welche Daten für den Menschen wichtig sind und welche vernachlässigt werden können. Eine Möglichkeit ist die Transformation der Farbdaten in einen Frequenzraum, der das menschliche Sehverhalten möglichst genau modellieren soll. Bei den bisher dargestellten Algorithmen wurde dazu die DCT verwendet, die aber (genau wie alle anderen auf trigonometrischen Funktionen beruhenden Transformationen) entscheidende Nachteile hinsichtlich Signalanalyse und Bildkompression besitzt. In diesem Abschnitt werden zuerst diese Nachteile aufgedeckt und anschließend eine Lösungsmöglichkeit durch Wavelets dargestellt.

Diese Lösungsmöglichkeit ist zwar nicht die einzige, aber zur Zeit populärste Methode der Bildkompression mit Wavelets. Eine Alternative ist, zuerst die »wesentlichen« Kanten eines Bildes zu extrahieren (gekennzeichnet durch große Waveletkoeffizienten); allein aus der Kenntnis dieser Kanten kann eine stark geglättete Approximation des Bildes durch einen trickreichen Iterationsprozeß berechnet werden. Danach wird die »Textur« (Differenz der Approximation zum Ausgangsbild) mit dem in diesem Abschnitt vorgestellten Verfahren komprimiert. Es beruht auf der Anwendung des diskreten eindimensionalen Falls auf die Zeilen und Spalten des Bildes. Deshalb wird die Idee zunächst im diskreten, eindimensionalen Fall beschrieben, um anschließend auf die Einzelbildkompression mit Wavelets einzugehen.

Der grundlegende Vorgang zur Einzelbildkompression mit Wavelets ist in Abbildung 3.6 dargestellt und entspricht dem klassischen Schema eines auf Transformation beruhenden, verlustbehafteten Kompressionsverfahrens. Zur Codierung von Bewegtbildern werden die zeitlichen Redundanzen im aktuellen Stadium ausschließlich durch Transformation der Differenzbilder ausgenutzt. Obwohl die Wavelet-Verfahren zur Zeit hauptsächlich auf Graustufenbilder angewendet werden, können diese durch Anwendung auf jeden Farbkanal (am besten in einem Farbmodell das zwischen Graustufen- und Farbkomponenten unterscheidet) als Kompressionsverfahren für Farbbilder eingesetzt werden.

Wavelet-Verfahren bei Bewegt- und Farbbildern

3.5.1 Problematik der Frequenz-Zeit-Analyse

In der klassischen Frequenz-Zeit-Analyse wird ein Ausgangssignal bezüglich einer Basis aus Cosinus- und/oder Sinusfunktionen verschiedener Frequenzen dargestellt. Mit Hilfe dieser trigonometrischen Funktionen wird das Ausgangssignal in verschiedene Frequenzbänder zerlegt. Der Anteil eines Frequenzbandes am Ausgangssignal ist anhand der Koeffizienten ersichtlich (vgl. Abschnitt 2.3.1). Eigentlich wäre jetzt das Ausgangsziel erreicht: Das gegebene Signal wurde in Frequenzbänder zerlegt, um danach in dieser Darstellung durch gezielte Quantisierung und anschließende Entropie-Codierung große Kompressionsraten zu erreichen (ohne wahrnehmbare Veränderungen

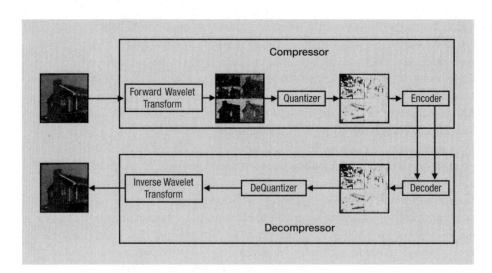

Abbildung 3.6
Blockdiagramm eines auf Wavelet-Transformation basierenden Codecs

Quelle: [HiJaSe2, S. 220]

in Kauf nehmen zu müssen). Die Veränderung eines Koeffizienten in dieser Basisdarstellung wirkt sich aber nach der inversen Transformation auf das gesamte Ausgangssignal aus. Der Grund ist, daß Sinus und Cosinus ab keiner Stelle ausschließlich vernachlässigbar kleine Werte annehmen. Deshalb wird für jede Stelle des Ausgangssignals dieselbe Anzahl an Koeffizienten zur Codierung benötigt, ohne die Komplexität des Ausgangssignals an der entsprechenden Stelle berücksichtigen zu können. Gelingt es, die Frequenzbänder besser zu lokalisieren, wird eine gezieltere Quantisierung möglich. Das Resultat ist eine bessere Kompression bei gleicher Qualität. Um ein Frequenzband genauer lokalisieren zu können, existieren zwei grundlegende Möglichkeiten:

(1) Betrachten des Ausgangssignals in jeweils verschiedenen Zeitabschnitten (z. B. die Anwendung auf jeweils acht Samples wie bei der eindimensionalen DCT)

(2) Verwendung einer Fensterfunktion (wie bei der Fourier-Transformation).

Bei der ersten Möglichkeit können nach der Quantisierung zwischen benachbarten Zeitabschnitten Unstetigkeitsstellen entstehen. Dies äußert sich bei der Bildverarbeitung in der Regel durch Blockbildung. Im zweiten Fall garantiert die Fensterfunktion, daß das Ausgangssignal außerhalb eines bestimmten Zeitbereichs vor der Transformation ausgeblendet wird (zumindest bis zu vernachlässigbar kleinen Werten), vgl. Abbildung 3.7. Dadurch wird es möglich, Frequenzbänder

Die Funktion f wird vor der Transformation mit der Fensterfunktion g multipliziert. Durch Translation der Fensterfunktion werden unterschiedliche Zeitlokalisierungen erreicht.

Abbildung 3.7
Fensterfunktion

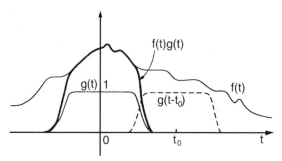

Quelle: [Dau, S. 2]

der Ausgangsfunktion nach der Transformation zeitlich zu lokalisieren. Um hohe Frequenzen lokalisieren zu können, benötigt man einen schmalen Zeitbereich der nicht ausgeblendet wird, kann dann jedoch keine tiefen Frequenzen erfassen. Wählt man auf der anderen Seite einen zu breiten Zeitbereich, der nicht ausgeblendet wird, ist die Lokalisierung hoher Frequenzen zu ungenau. Zur effektiven Frequenz-Zeit-Analyse werden somit mehrere Fensterfunktionen benötigt. In der Praxis ist es allerdings nicht wünschenswert, mehrere Fensterfunktionen explizit definieren zu müssen. Die Lösung dieses Problems besteht darin, eine Funktion $\psi \in L^2(\mathbb{R}) \setminus \{0\}$ zu wählen, die zur Analyse des Signals verschoben, gestaucht und gedehnt wird; also eine Funktionenklasse

Was sind Wavelets?

$$\{\psi_{j,k}(x)\}_{j,k\in\mathbb{Z}} := \{\sqrt{2^{-j}}\,\psi(2^{-j}x - k)\}_{j,k\in\mathbb{Z}}$$

definiert. Mit steigendem j werden die Funktionen »breiter« und besitzen eine tiefere Frequenz. Somit passen die Funktionen ihre »Breite« automatisch den Frequenzen an. Durch Variation von k wird die Verschiebung auf der Zeitachse möglich. Weiterhin sollen ψ eine verallgemeinerte Schwingung und $\{\psi_{j,k}(x)\}_{j,k\in\mathbb{Z}}$ eine Basis von $L^2(\mathbb{R})$ sein. Ersteres wird gefordert, um eine Zerlegung in Frequenzbänder realistisch modellieren zu können. Letzteres wird im folgenden Abschnitt verständlich werden. Eine Funktion ψ, die alle genannten Forderungen erfüllt, wird als *Wavelet* bezeichnet[4].

Unter verallgemeinerten Schwingungen sollen Funktionen verstanden werden, die nicht unbedingt periodisch sein müssen, aber

---

[4]Die mathematische Definition kann im Anhang C auf Seite 105 nachgelesen werden.

einen verschwindenden Erwartungswert besitzen. Im groben gesprochen bedeutet dies, daß eine verallgemeinerte Schwingung genauso oft über, wie unter der x-Achse verläuft. $L^2(\mathbb{R})$ kann zur Anschauung als Raum aller beschränkten Funktionen angesehen werden, die nur auf einem Intervall endlicher Breite von Null verschieden sind, bzw. »schnell« gegen Null konvergieren. Zwei Beispiele für Wavelets sind in Abbildung 3.8 dargestellt.

Abbildung 3.8
Zwei Wavelets

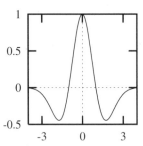 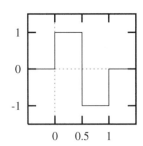

Das stetige Mexican-Hat-Wavelet
$$(1 - x^2)\, e^{-x^2/2}$$

Das unstetige Haar-Wavelet
$$\psi(x) := \begin{cases} 1, & \text{für } 0 \leq x < 1/2 \\ -1, & \text{für } 1/2 \leq x < 1 \\ 0, & \text{sonst} \end{cases}$$

3.5.2   Problematik der Wavelet-Transformation

Seien $f \in L^2(\mathbb{R})$ und ein Wavelet ψ gegeben. Da ψ eine Basis von $L^2(\mathbb{R})$ definiert, läßt sich f durch

$$f(x) = \sum_{j,k \in \mathbb{Z}} a_{j,k} \psi_{j,k}(x) \quad \forall x \in \mathbb{R}$$

darstellen. Aus endlich vielen vorgegebenen Signalwerten kann stets eine Funktion $f \in L^2(\mathbb{R})$ definiert werden. Das Ziel, die Ausgangsfunktion bezüglich einer Basis darzustellen, aus der das Auftreten der verschiedenen Frequenzbänder auch zeitlich hinreichend genau möglich ist, wurde erreicht. Allerdings existieren offensichtlich zwei Probleme:

(1) Es ist à priori nicht ersichtlich, welche und wieviele Summanden berechnet werden müssen. Ungünstig wäre es, wenn unendlich viele Summanden nicht verschwinden würden.

(2) Die Berechnung eines Summanden ist nicht ersichtlich.

Um das zweite Problem zu lösen, läßt man ausschließlich *orthogonale Wavelets*[5] zu. Dann ist die Darstellung von f für alle $x \in \mathbb{R}$ durch

$$f(x) = \sum_{j,k \in \mathbb{Z}} \psi_{j,k}(x) \, \langle f, \psi_{j,k} \rangle = \sum_{j,k \in \mathbb{Z}} \psi_{j,k}(x) \int_{\mathbb{R}} f(t) \, \psi_{j,k}(t) \, dt$$

gegeben. Jedoch bleibt das erste Problem auch hier erhalten, und in praktischen Anwendungen existiert für beliebiges $f \in L^2(\mathbb{R})$ keine effiziente Berechnungsmöglichkeit der Integrale. Mallat entwickelte 1989 in [Mal] ein Verfahren zur schnellen Berechnung der Koeffizienten, welches beide Probleme (zumindest bei einigen orthogonalen Wavelets) löst. Die Idee und Definition des Verfahrens sind Thema des nächsten Abschnitts.

3.5.3 Die schnelle diskrete Wavelet-Transformation

Wie im vorhergehenden Abschnitt dargestellt, ist es für Anwendungen unpraktikabel (wenn nicht sogar unmöglich), die Wavelet-koeffizienten einer durch endlich viele Werte definierten Funktion $f \in \mathrm{L}^2(\mathbb{R})$ direkt zu bestimmen. Man verwendet statt dessen eine *Skalierungsfunktion* $\phi \in L^2(\mathbb{R})$, die eine *Multi-Skalen-Analyse* definiert und es ermöglicht, das Ausgangssignal in immer gröber werdenden Auflösungen (Skalen) zu betrachten[6]. Mit jeder Auflösungsverschlechterung (immer die Hälfte der vorhergehenden Auflösung) wird die Differenz zum Ausgangssignal durch einen Waveletanteil, der ebenfalls durch die Skalierungsfunktion vorgegeben wird, vollständig ausgeglichen. Die Idee der Multi-Skalen-Analyse ist es, ein Ausgangssignal in einen hoch- und niederfrequenten Teil zu zerlegen. Der niederfrequente Teil umfaßt nur noch die Hälfte der Bandbreite des Ausgangssignals. Deshalb wird nur noch die Hälfte der Anzahl der Sampling-Punkte benötigt, um den niederfrequenten Teil darzustellen. Anschließend wird dieser Vorgang mit dem jeweils entstandenen niederfrequenten Teil rekursiv wiederholt. Die Abbruchbedingung wird in den folgenden Abschnitten erklärt. Natürlich kann der Zerlegungsvorgang auch auf den jeweils entstandenen hochfrequenten Teil angewendet werden. Ein solches Vorgehen führt zu *Wavelet-Paketen*, auf die im Rahmen des Buchs nicht eingegangen wird. In jedem Rekursionsschritt kann das obere Frequenzband mit dem jeweiligen Waveletraum

$$W_j := \mathrm{span}\{\psi_{j,k} \mid k \in \mathbb{Z}\}$$

Idee der schnellen diskreten Wavelet-Transformation

---

[5]Die mathematische Definition kann im Anhang C auf Seite 105 nachgelesen werden.

[6]Die mathematischen Definitionen dieser beiden Begriffe können im Anhang C nachgelesen werden.

Realisierung der Idee

dargestellt werden. Deshalb werden Wavelet-Transformationen auch als *Bandpaßfilter* bezeichnet.

Zur Realisierung des Zerlegungsprozesses werden ein Tiefpaßfilter $\mathcal{H}$ und ein Hochpaßfilter $\mathcal{G}$ verwendet; ein *Tiefpaßfilter* läßt ausschließlich tiefe Frequenzen passieren, während ein *Hochpaßfilter* nur für hohe Frequenzen durchlässig ist. Der Hochpaßfilter $\mathcal{G}$ liefert die Waveletkoeffizienten, der Tiefpaßfilter $\mathcal{H}$ die Werte des tiefpaßgefilterten Signals, auf das der Vorgang rekursiv angewendet wird. Für die Darstellung des tief- und hochpaßgefilterten Signals wird jeweils nur noch die Hälfte der Anzahl an Ausgangswerten benötigt, so daß nach jedem Filterschritt genau soviele Werte vorhanden sind wie vorher. Manchmal kann es vorkommen, daß die Randpunkte nicht wegfallen (vgl. [LoMaRi, S. 130]). Dies ist aber für das grundlegende Verständnis unwichtig und wird hier nicht weiter berücksichtigt.

Beide Filter und das Wavelet ergeben sich (unabhängig vom Ausgangssignal f) aus der Skalierungsfunktion ϕ, die immer orthogonal vorausgesetzt wird[7]. Somit ist das Problem der Bestimmung der Waveletkoeffizienten eines diskreten Ausgangssignals umformuliert auf die Bestimmung der Filter einer orthogonalen Skalierungsfunktion ϕ.

3.5.3.1   Konstruktion der Filter und des Wavelets

Eine orthogonale Skalierungsfunktion ϕ erfüllt eine *Skalierungsgleichung* [LoMaRi, S. 106], d. h., es existiert eine Folge reeller Zahlen $\{h_k\}_{k \in \mathbb{Z}}$ mit:

$$\phi(x) := \sqrt{2} \sum_{k \in \mathbb{Z}} h_k \, \phi(2x - k) \quad \forall x \in \mathbb{R}$$

Aus dieser Folge ergeben sich die zur Transformation benötigten Tief- und Hochpaßfilter durch:

$$\begin{aligned} \mathcal{H} &:= \{h_k\}_{k \in \mathbb{Z}} \\ \mathcal{G} &:= \{g_k\}_{k \in \mathbb{Z}} := \{(-1)^k h_{1-k}\}_{k \in \mathbb{Z}} \end{aligned}$$

Die beiden für die inverse Transformation benötigten Operatoren $\tilde{\mathcal{H}}$ und $\tilde{\mathcal{G}}$ ergeben sich ebenfalls in einfacher Weise aus dem Tiefpaßfilter $\mathcal{H}$ und können z. B. [LoMaRi, S. 128] entnommen werden. Unter dem der orthogonalen Skalierungsfunktion ϕ zugeordneten Wavelet ψ wird das orthogonale Wavelet

$$\psi(x) = \sqrt{2} \sum_{k \in \mathbb{Z}} g_k \, \phi(2x - k) \quad \forall x \in \mathbb{R}$$

verstanden [LoMaRi, S. 115].

---

[7]Die mathematische Definition einer orthogonalen Skalierungsfunktion kann im Anhang C auf Seite 106 nachgelesen werden.

3.5.3.2   Der Algorithmus von Mallat

Seien die Samples

$$c^0 := \{c_k^0\}_{k \in \mathbb{Z}}$$

gegeben. In dieser Folge verschwinden alle Samples bis auf endlich viele; diese Notation wird hier nur verwendet, um einen »Indexkrieg« zu vermeiden. Fasse die Samples durch

$$f(x) \quad := \quad \sum_{k \in \mathbb{Z}} c_k^0 \, \phi(x - k)\,, \tag{3.1}$$

als Ausgangssignal $f \in L^2(\mathbb{R})$ auf. Hierbei sind ϕ eine orthogonale Skalierungsfunktion, sowie $\mathcal{H}$, $\mathcal{G}$ und ψ die durch die Skalierungsfunktion ϕ definierten Filter und das zugehörige orthogonale Wavelet.
1. Schritt: Zerlege die Linearkombination (3.1) in

$$\sum_{k \in \mathbb{Z}} c_k^1 \, \sqrt{2^{-1}} \, \phi(2^{-1}x - k) + \sum_{k \in \mathbb{Z}} d_k^1 \, \psi_{1,k}\,.$$

Die Bestimmung der neuen Koeffizienten $c^1 := \{c_k^1\}_{k \in \mathbb{Z}}$ und $d^1 := \{d_k^1\}_{k \in \mathbb{Z}}$ erfolgt durch Tief-, bzw. Hochpaßfilterung mit der Vorschrift:

$$c_k^1 \quad := \quad \sum_{l \in \mathbb{Z}} h_{l-2k} \, c_l^0$$

$$d_k^1 \quad := \quad \sum_{l \in \mathbb{Z}} g_{l-2k} \, c_l^0$$

Da praktische Anwendungen ausschließlich Skalierungsfunktionen verwenden, die endliche Filter (ein endlicher Filter $\mathcal{F} := \{f_k\}_{k \in \mathbb{Z}}$ hat maximal endlich viele nicht verschwindende Komponenten) erzeugen und in der Folge c^0 nur endlich viele Folgenglieder nicht verschwinden, findet hier die bereits erwähnte Auflösungsreduzierung um den Faktor zwei statt, d. h. c^1 besitzt nur noch die Hälfte der Anzahl der nicht verschwindenden Samples von c^0. Das Beispiel am Ende des Abschnitts verdeutlicht diesen Vorgang.
j. Schritt $(j > 1)$: Die Koeffizientenfolgen c^j und d^j berechnen sich analog dem oben beschriebenen Filtervorgang

$$c_k^j \quad := \quad \sum_{l \in \mathbb{Z}} h_{l-2k} \, c_l^{j-1}$$

$$d_k^j \quad := \quad \sum_{l \in \mathbb{Z}} g_{l-2k} \, c_l^{j-1}$$

Das Verfahren terminiert, sobald alle im aktuellen Schritt M berechneten Koeffizienten der Folge c^M verschwinden. In diesem Fall liegt das Ausgangssignal f vollständig bezüglich der Waveletbasis

$\{\psi_{j,k}\}_{j,k\in\mathbb{Z}}$ vor. Die Darstellung von f durch die Waveletbasis ergibt sich aus den Koeffizientenfolgen d^1 bis d^M:

$$f(x) = \underbrace{\sum_{k\in\mathbb{Z}} d_k^1\, \psi_{1,k}(x)}_{\in W_1} + \cdots + \underbrace{\sum_{k\in\mathbb{Z}} d_k^M\, \psi_{M,k}(x)}_{\in W_M}$$

Dabei ist wegen des geschilderten Filterprozesses genau bekannt, welche Koeffizienten benötigt werden, so daß die hier auftretenden Summen in Wirklichkeit alle endlich sind. Somit werden im diskreten Fall durch Anwendung dieses Verfahrens beide Probleme der Wavelet-Transformation aus Abschnitt 3.5.2 beseitigt. Es wird im Rahmen dieses Buchs als eindimensionale *Diskrete Wavelet-Transformation* (DWT) bezeichnet.

Bemerkungen zur DWT   Die durch die Tiefpaßfilterung konstruierte Folge c^1 kann als geglättete Form des Ausgangssignals c^0 aufgefaßt werden, während mit einem großen Wert d_k^1 ein signifikantes Detail auf dem Träger der zugehörigen Waveletfunktion $\psi_{1,k}$ assoziiert werden kann. Für alle weiteren durch die Rekursion definierten Folgen c^j und d^j gelten die entsprechenden Aussagen.

Offenbar muß der Algorithmus nicht bis zur vollständigen Darstellung des Ausgangssignals bezüglich der Waveletbasis durchgeführt werden; dadurch wird eine Flexibilität hinsichtlich der Rechenzeit erreicht. Aber selbst bei vollständiger Zerlegung ergibt sich eine Rechenzeit wie $\mathcal{O}(n)$, wobei n die Anzahl der zu transformierenden Samples ist [LoMaRi, S.130].

Beispiel: In diesem Beispiel sollen die Auflösungsreduzierung um den Faktor zwei und die Probleme bei der Bestimmung eines Filters (Lösen einer Skalierungsgleichung) aufgezeigt werden.

Sei die orthogonale Skalierungsfunktion ϕ durch

$$\phi(x) := \begin{cases} 1, & 0 \le x < 1 \\ 0, & \text{sonst} \end{cases}$$

definiert. Vor Anwendung der eindimensionalen DWT muß der Tiefpaßfilter $\mathcal{H} = \{h_k\}_{k\in\mathbb{Z}}$ berechnet werden. Dieser ergibt sich nach Abschnitt 3.5.3.1 aus der Skalierungsgleichung von ϕ:

$$\begin{aligned} \phi(x) &= \sqrt{2} \sum_{k\in\mathbb{Z}} h_k\, \phi(2x - k) \\ &= \sqrt{2}\, (h_0\, \phi(2x) + h_1\, \phi(2x - 1)) \end{aligned}$$

Auflösen der Gleichung mit $x = 0$ und $x = 1/2$ ergibt $h_0 = h_1 = 1/\sqrt{2}$. Also wird der gesuchte Tiefpaßfilter $\mathcal{H}$ durch

$$h_k = \begin{cases} 1/\sqrt{2}, & \text{für } k \in \{0,1\} \\ 0, & \text{für } k \in \mathbb{Z} \setminus \{0,1\} \end{cases}$$

definiert. Das zu transformierende Signal sei durch die diskreten Werte c_0^0, c_1^0, c_2^0, c_3^0 gegeben. Diese Werte definieren durch

$$f(x) := \sum_{k=0}^{3} c_k^0 \, \phi(x - k)$$

eine Funktion $f \in L^2(\mathbb{R})$. Die Tiefpaßfilterung kann durch

$$\begin{pmatrix} c_0^1 \\ c_1^1 \end{pmatrix} = \begin{pmatrix} 1/\sqrt{2} & 1/\sqrt{2} & 0 & 0 \\ 0 & 0 & 1/\sqrt{2} & 1/\sqrt{2} \end{pmatrix} \begin{pmatrix} c_0^0 \\ c_1^0 \\ c_2^0 \\ c_3^0 \end{pmatrix}$$

dargestellt werden. Die Werte c_0^1 und c_1^1 sind die Koeffizienten der orthogonalen Projektion der Funktion f in den Raum der Signale mit halber Bandbreite (Tiefpassanteil). Der Hochpaßfilter $\mathcal{G}$ wird nach Abschnitt 3.5.3.1 durch

$$\mathcal{G} = \{g_k\}_{k \in \mathbb{Z}} = \{(-1)^k h_{1-k}\}_{k \in \mathbb{Z}}$$

definiert. Im hier dargestellten Fall ergibt sich für die Hochpaßfilterung folgende Darstellung:

$$\begin{pmatrix} d_0^1 \\ d_1^1 \end{pmatrix} = \begin{pmatrix} 1/\sqrt{2} & -1/\sqrt{2} & 0 & 0 \\ 0 & 0 & 1/\sqrt{2} & -1/\sqrt{2} \end{pmatrix} \begin{pmatrix} c_0^0 \\ c_1^0 \\ c_2^0 \\ c_3^0 \end{pmatrix}$$

Diese beiden neu berechneten Koeffizienten sind Koeffizienten des Waveletanteils des Ausgangssignals. Die Funktion f wird also dargestellt durch:

$$f(x) = c_0^1 \, \phi_{10} + c_1^1 \, \phi_{11} + \underbrace{d_0^1 \, \psi_{10} + d_1^1 \, \psi_{11}}_{\in W_1}$$

Hierbei sind $\phi_{10} := \sqrt{2^{-1}} \, \phi(2^{-1}x)$ und $\phi_{11} := \sqrt{2^{-1}} \, \phi(2^{-1}x - 1)$. Im nächsten Schritt wird der Filterprozeß nur noch auf die beiden Koeffizienten c_0^1 und c_1^1, die aus der Tiefpaßfilterung berechnet wurden, angewendet. Danach liegt die endgültige Darstellung der Ausgangsfunktion durch eine Waveletbasis vor. Das der orthogonalen Skalierungsfunktion ϕ zugeordnete orthogonale Wavelet ψ ist das Haar-Wavelet aus Abbildung 3.8.

3.5.4   Bildvorbearbeitung

Zum Zeitpunkt der Erstellung dieses Buchs wird die Transformation ausschließlich auf Graustufenbilder mit einer Farbtiefe von 8 Bit angewendet. Deshalb wird hier keine Unterscheidung nach Farbkomponenten durchgeführt. Das Bild $f(x,y)$ sei zur einfacheren Beschreibung quadratisch mit $2^M \times 2^M$ Pixel vorausgesetzt. Sollte diese Voraussetzung nicht erfüllt sein, ist es kein Problem, sie durch Hinzufügen von Nullpixel zu erfüllen. Im Gegensatz zu DCT-basierten Verfahren wird das Bild als Gesamtheit transformiert und nicht in Pixelblöcke aufgeteilt. Für die Bildbearbeitung müssen die aus einer orthogonalen Skalierungsfunktion definierten Tiefpaßfilter $\mathcal{H}$ und Hochpaßfilter $\mathcal{G}$ zur Verfügung gestellt werden, mit denen die zweidimensionale DWT realisiert wird.

3.5.5   Bildbearbeitung

Die Filter werden auf die Zeilen und Spalten des Ausgangsbildes $f(x,y)$ angewendet (siehe Abbildung 3.9). $\mathcal{H}_z$, $\mathcal{H}_s$, $\mathcal{G}_z$ und $\mathcal{G}_s$ symbolisieren die Anwendung der Filter $\mathcal{H}$ und $\mathcal{G}$ auf die Zeilen bzw. Spalten des Bildes. Somit wird das Ausgangsbild in vier Teilbilder überführt, die alle die halbe Auflösung des Ausgangsbildes besitzen. Die drei Detailbilder d_1^1, d_2^1 und d_3^1 werden gespeichert, während auf das geglättete und auflösungsreduzierte Bild c^1 das Verfahren rekursiv angewendet werden kann. Das Verfahren wird nach einer vorgegebe-

Abbildung 3.9
Schematische Darstellung der zweidimensionalen DWT

c^1 entspricht dem geglätteten und auflösungsreduzierten Ausgangsbild. Die anderen drei Bilder können als »Detailbilder« angesehen werden; die Samplewerte der »Detailbilder« entsprechen den Wavelet-Koeffizienten. Der hier dargestellte Filtervorgang wird mit dem Bild c^1 und den Ausgangsfiltern rekursiv wiederholt.

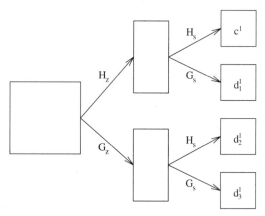

nen Anzahl von Schritten abgebrochen, spätestens aber nachdem das Ausgangsbild auf einen einzigen Punkt reduziert wurde.

3.5.6 Quantisierung und Entropie-Codierung

In der Regel sind nach der Transformation viele Koeffizienten sehr klein. Deshalb können in dieser Phase die Quantisierungs- und Entropie-Codiertechniken verwendet werden, die sich schon bei der DCT bewährt haben. Hier beschäftigen sich aktuelle Untersuchungen mit der Frage, ob für jede Skalierungsstufe eigene Quantisierungsfunktionen verwendet werden sollten, denn mit zunehmender Skalierungsstufe werden die Wavelets breiter und filtern tiefere Frequenzbänder aus dem Signal.

3.5.7 Decodierung

Zur Decodierung werden die auf Seite 58 erwähnten Operatoren $\tilde{\mathcal{G}}$ und $\tilde{\mathcal{H}}$ benötigt. Sie ergeben sich aus dem verwendeten Tiefpaßfilter $\mathcal{H}$ und realisieren die Auflösungsvergrößerung um den Faktor 2. Die Rechenzeit für ein Bild mit 256×256 Pixel und einer Farbtiefe von 8 Bit beträgt auf einem 66 MHz 80486 Computer ungefähr 1/4 s [HiJaSe2, S. 224].

3.5.8 DWT vs. DCT

Die DWT ist ein relativ neues Gebiet und ermöglicht zudem die Wahl zwischen vielen orthogonalen Skalierungsfunktionen (die ihrerseits die Filter und das Wavelet definieren). Deshalb werden zur Zeit auf dem Gebiet der Skalierungsfunktionen viele Untersuchungen angestellt, um z. B. für die Bildkompression optimale Tiefpaßfilter zu finden. Im Gegensatz dazu ist eine Anpassung der DCT an die jeweilige Anwendung nicht möglich. Genau wie die DCT ist die DWT symmetrisch durchführbar und die Funktionen, mit deren Hilfe die Frequenzanalyse ermöglicht wird, treten bei der praktischen Umsetzung völlig in den Hintergrund. Von der – im Vergleich zur DCT – besseren Frequenzlokalisierung der DWT wird eine bessere Kompression bei gleicher Qualität erhofft (keine Blockbildung). Wie in Abschnitt 3.5.3.2 erwähnt, ist die Komplexität der eindimensionalen DWT linear von der Anzahl der zu transformierenden Bildpunkte abhängig und deshalb sehr schnell durchführbar. Diese Aussage gilt auch bei der zweidimensionalen DWT, da sie der Anwendung der eindimensionalen DWT auf Zeilen und Spalten entspricht. Es werden zur Durchführung der zweidimensionalen DWT nur die doppelte Anzahl an Operationen der eindimensionalen DWT benötigt. Im Gegensatz dazu hat die zweidimensionale DCT die Komplexität $\mathcal{O}(n \log n)$, wobei n der Anzahl der zu transformierenden Werte entspricht (siehe [Jain, S. 153]). Allerdings existieren für die DCT effiziente Implementierungen (vgl. Abschnitt 2.3.1.1). Ein entscheidender Vorteil der Wavelet-Transformation gegenüber der DCT ist die durch das Verfahren gegebene Skalierbarkeit der Bilder um den Faktor 2 (eine Vergrößerung des Ausgangsbilds ist allerdings nicht möglich). Diese Möglichkeit muß bei DCT-basierten Verfahren künstlich erzeugt werden und erfolgt in der Regel zu Lasten der Kompression (z. B. das hierarchische JPEG-Verfahren).

3.6 Fraktale Bildkompression

Was ist fraktale Bildkompression?

Fraktale Verfahren ziehen in der Bildkompression Nutzen aus der Beobachtung, daß Bilder häufig selbstähnliche Teilbereiche besitzen; d. h. Bereiche, die sich in den Konturen wenig unterscheiden, und durch Anpassung der Helligkeit, des Kontrastes, der Größe und der Lage ineinander überführt werden können. Die Codierung erfolgt durch geschickte funktionale Darstellung der selbstähnlichen Teilbereiche (es werden keine Pixelwerte gespeichert) und kann somit hohe Kompressionsraten erreichen. Desweiteren liegt das codierte Bild – aufgrund der funktionalen Darstellung – mit beliebiger Auflösung vor, ohne spezielle Verfahren wie Pixelverdoppelung oder Interpolation anwenden zu müssen. Im Gegensatz zu DCT-basierten Verfahren sind fraktale Verfahren, wegen extrem langer Codierzeit, nur asymmetrisch durchführbar. Da Bilder in der Regel niemals vollständig zu sich selbst ähnlich sind, ist die fraktale Bildkompression immer mit Verlusten behaftet.

kommerzielle Anwendungen

Obwohl sich fraktale Verfahren noch in der Entwicklung befinden, existieren bereits kommerzielle Anwendungen, die sich der fraktalen Kompression bedienen. Sie wurde z. B. 1992 bei einem CD-ROM Multimedia Lexikon (*Microsoft Encarta* von Microsoft) eingesetzt. Eine weitere kommerzielle Anwendung ist die *POEM Colorbox* von Iterated Systems[8], die seit 1993 erhältlich ist. Sie stellt eine Bibliothek zur fraktalen Kompression und Dekompression von 24-Bit-Farbbildern unter Microsoft Windows zur Verfügung. Außerdem bietet Iterated Systems eine Oberfläche zur interaktiven, fraktalen Kompression von Farbbildern unter Microsoft Windows, namens *Images Incorporated 4.0*, an.

---

[8]Iterated Systems ist eine von Barnsley und Sloan gegründete Firma. Barnsley entwickelte 1988 die Idee zur fraktalen Bildcodierung und hält mit Sloan das US-Patent #5065447 für die grundlegende Mathematik des Verfahrens.

Im folgenden wird das grundlegende Verfahren für Graustufenbilder dargestellt und an einem Beispiel verdeutlicht. Wie schon mehrfach erwähnt, ist auch hier eine Erweiterung auf Farbbilder durch die Anwendung des Verfahrens auf jede Farbkomponente möglich. Anschließend werden Varianten und Probleme des grundlegenden Verfahrens zur fraktalen Bildkompression erläutert. Den Abschluß dieses Abschnitts bildet die Darstellung der Vorgehensweise einer Implementierung, die sich fraktaler Verfahren bedient.

Gliederung des Abschnitts

3.6.1 Theorie ...

Die zentrale Funktion der fraktalen Bildkompression übernimmt der *Fixpunktsatz von Banach*, welcher in der Literatur über fraktale Bildkompression auch als *Contraction Mapping Theorem* bezeichnet wird[9]. Um die Aussage des Fixpunktsatzes von Banach verstehen zu können, müssen zunächst einige Begriffe erklärt werden: Unter einem *metrischen Raum F* wird eine Menge F zusammen mit einer Metrik $|\cdot|$ verstanden. Mit Hilfe dieser Metrik ist es möglich, den Abstand zweier Punkte des Raumes F zu messen. Der metrische Raum F heißt *vollständiger metrischer Raum*, wenn jede Folge von immer näher zusammenrückenden Punkten gegen einen Punkt aus F konvergiert. Eine *kontrahierende Selbstabbildung W* auf einem vollständigen metrischen Raum F ist eine Abbildung $W : F \to F$, die jeweils zwei Punkte näher zueinander abbildet. Somit existiert eine Zahl $0 \leq s < 1$ (eine *Kontraktionskonstante* von W) mit $|W(x) - W(y)| \leq s|x-y| \quad \forall x, y \in F$. Ein Punkt x_f des vollständigen metrischen Raumes F heißt *Fixpunkt* der Abbildung $W : F \to F$, wenn $W(x_f) = x_f$ gilt.

Der Fixpunktsatz von Banach und seine Bedeutung für die fraktale Bildkompression

Der Fixpunktsatz von Banach besagt, daß eine kontrahierende Selbstabbildung W eines vollständigen metrischen Raumes F genau einen Fixpunkt $x_f \in F$ besitzt. Dieser läßt sich iterativ, durch

$$x_f = \lim_{v \to \infty} W^v(x) \qquad (3.2)$$

mit jedem beliebigen Startpunkt $x \in F$ berechnen. Aus dem Fixpunktsatz von Banach ergibt sich eine A-priori-Fehlerabschätzung, das *Collage-Theorem*

$$|x_f - x| \leq \frac{1}{1-s} |W(x) - x|, \qquad (3.3)$$

wobei $0 \leq s < 1$ eine Kontraktionskonstante von W ist.

---

[9]Die mathematische Definition des Fixpunktsatzes kann im Anhang C auf Seite 106 nachgelesen werden.

Idee der fraktalen Bildcodierung und -decodierung

Das zu codierende Bild f wird als Punkt des gegebenen vollständigen metrischen Raumes F interpretiert. Nun konstruiert man eine Selbstabbildung W auf F so, daß die Voraussetzungen des Fixpunktsatzes von Banach erfüllt sind, und f (zumindest annähernd) dem einzigen Fixpunkt x_f von W entspricht. Dieser Prozeß bewirkt die Codierung und entspricht dem Kernproblem der fraktalen Bildkompression. Er wird häufig als das *inverse Problem* bezeichnet, weil das Decodierverfahren durch die iterative Berechnungsmethode (3.2) des Fixpunktes in einfacher Weise gegeben ist. Zudem kann nach jedem Iterationsschritt der Fehler anhand des Collage-Theorems (3.3) abgeschätzt werden. Das Iterieren endet, wenn der durch das Collage-Theorem gegebene Fehler unter einem gewissen Grenzwert liegt, oder eine vorgegebene Anzahl an Iterationen durchgeführt wurde. Dieses Vorgehen wird durch die Kontraktivität des Operators W ermöglicht, der mit jedem Iterationsschritt eine bessere Approximation des Fixpunktes x_f garantiert.

Konkretisierung der Idee

Zuerst muß ein Modell für den Raum F der Graustufenbilder entwickelt werden, auf welches der Fixpunktsatz von Banach angewendet werden kann. Hierfür existieren mehrere Möglichkeiten: Z. B. betrachten Fisher in [Fish] und Barnsley in [BaHu, S. 186] ein Graustufenbild f als eine Abbildung

$$f : [0, 1] \times [0, 1] \to [0, 1],$$

die zu jeder Koordinate den entsprechenden Grauwert liefert. Die Menge F der Graustufenbilder wird durch

$$F := \{ f : [0, 1] \times [0, 1] \to \mathbb{R} \}$$

definiert und mit der Metrik

$$d_{\mathrm{sup}}(f, g) := \sup_{(x,y) \in [0,1]^2} |f(x, y) - g(x, y)| \quad f, g \in F$$

zu einem vollständigen metrischen Raum gemacht. Anschließend wird eine kontrahierende Selbstabbildung W auf F gesucht, die das gegebene Bild f (zumindest annähernd) als Fixpunkt (in der fraktalen Sprechweise als *Attraktor* bezeichnet) besitzt. Dieser Schritt bewirkt die Codierung und löst das inverse Problem. Als Hilfsmittel wird ein *Iterated Function System* (IFS) verwendet. Dieses ist eine Menge aus endlich vielen Funktionen, die es ermöglichen, systematisch nach Selbstähnlichkeiten des Bildes zu suchen. In der fraktalen Bildkompression beschränkt man sich bei der Wahl eines IFS auf affine Abbildungen w_1 bis w_N, d. h. auf Abbildungen der Form

$$\begin{pmatrix} \alpha_i & \beta_i & 0 \\ \gamma_i & \delta_i & 0 \\ 0 & 0 & s_i \end{pmatrix} \begin{pmatrix} x \\ y \\ z \end{pmatrix} + \begin{pmatrix} \theta_i \\ \vartheta_i \\ o_i \end{pmatrix} \quad i = 1, \ldots, N \quad x, y, z \in [0, 1].$$

Dadurch wird die effiziente Codierung aller Selbstähnlichkeiten eines Bildes erreicht, wobei

$$v_i(x,y) := \begin{pmatrix} \alpha_i & \beta_i \\ \gamma_i & \delta_i \end{pmatrix} \begin{pmatrix} x \\ y \end{pmatrix} + \begin{pmatrix} \theta_i \\ \vartheta_i \end{pmatrix} \quad i = 1, \ldots, N \quad x, y \in [0,1]$$

die notwendige Skalierung, Rotation, Schraubung oder Translation festlegt. Weiterhin können s_i als Kontrast und o_i als Helligkeit interpretiert werden [Fish, S. 11]. Erfüllt das IFS zudem die Bedingungen

(i) $\cup_{i=1}^{N} v_i([0,1]^2) = [0,1]^2$

(ii) $v_i([0,1]^2) \cap v_j([0,1]^2) = \emptyset \quad i \neq j$,

dann kann eine Selbstabbildung W auf F, durch

$$W(f) := w_1(f) \cup \ldots \cup w_N(f) \quad f \in F$$

definiert werden, wobei

$$\begin{aligned} w_i(f) &:= w_i(x, y, f(x,y)) \\ &= \begin{pmatrix} \alpha_i & \beta_i & 0 \\ \gamma_i & \delta_i & 0 \\ 0 & 0 & s_i \end{pmatrix} \begin{pmatrix} x \\ y \\ f(x,y) \end{pmatrix} + \begin{pmatrix} \theta_i \\ \vartheta_i \\ o_i \end{pmatrix} \end{aligned}$$

für $i = 1, \ldots, N$ und $x, y \in [0,1]$ gesetzt wird (ohne die in (i) und (ii) geforderten Bedingungen wäre die Abbildung W nicht wohldefiniert). Weiterhin wird ein Kriterium an die Abbildungen w_1 bis w_N benötigt, um auf die Kontraktivität des Operators W schließen zu können. Fisher zeigt in [Fish, S. 50], daß es in diesem Modell ausreicht, $\max_{i=1,\ldots,N}\{|s_i|\} =: s < 1$ zu fordern (wobei s gleichzeitig eine Kontraktionskonstante von W ist).

Die Suche nach Selbstähnlichkeiten eines Bildes mit einem IFS hat den Nachteil, daß ein Bild als Gesamtheit zu sich selbst ähnlich sein muß, denn die Abbildungen v_1 bis v_N sind auf dem ganzen Koordinatenbereich $[0,1] \times [0,1]$ definiert. Bilder besitzen aber häufig nur selbstähnliche Teilbereiche (vgl. Abbildung 3.10). Um diese Tatsache zu berücksichtigen, wird für jede Abbildung v_i ein eigener Definitionsbereich $D_i \subseteq [0,1] \times [0,1]$ zugelassen. Somit wird eine größere Flexibilität bei der Suche nach Selbstähnlichkeiten erreicht, ohne Nachteile in Kauf nehmen zu müssen. Ein IFS, das diese Möglichkeit besitzt, wird als *lokales IFS* bezeichnet. Lokale IFS bilden die Grundlage aller Implementierungen zur fraktalen Bildkompression.

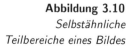

Abbildung 3.10
*Selbstähnliche
Teilbereiche eines Bildes*

Quelle: [Fish, S. 10]

3.6.2   ... und Praxis

Eine Möglichkeit zur Implementierung wird an einem einfachen Bei-spiel demonstriert. Es sei ein Graustufenbild mit 256×256 Pixel gegeben. Die Frage ist nun, wie man ein lokales IFS konstruiert, das alle im vorigen Abschnitt genannten Forderungen erfüllt. Dazu wird das Bild in 8×8-Pixelblöcke $R_1, \ldots, R_{1024}$ partitioniert. Als Definitionsbereiche $\{D_j\}_{j=1,\ldots,58\,081}$ werden alle möglichen 16×16-Pixelblöcke des Bildes, die sich im Gegensatz zu den Wertebereichen $\{R_j\}_{j=1,\ldots,1024}$ überlappen dürfen, gewählt. Um die Beschreibung der Vorgehensweise möglichst übersichtlich zu halten, bezeichnen im Gegensatz zu Abschnitt 3.6.1 im folgenden alle Bereiche (wie z. B. D_j und R_j) manchmal ebenfalls die zugehörigen Pixelwerte. Die jeweili-ge Bedeutung ist aber aus dem Kontext immer eindeutig ersichtlich.

*Realisierung des
Ähnlichkeitsbegriffs*

Im nächsten Schritt bestimmt man für jeden Wertebereich R_i denjenigen Definitionsbereich D_{j_i}, der R_i am stärksten ähnelt. Da-zu werden alle Definitionsbereiche D_j horizontal und vertikal in der Auflösung um den Faktor zwei reduziert, so daß die daraus resul-tierenden Blöcke $\widetilde{D}_j$ dieselbe Größe des Wertebereichs R_i aufwei-sen. Wegen dieses Vorgehens sollte der Wertebereich niemals eine größere Pixelanzahl als der Definitionsbereich besitzen; ansonsten müßte der Definitionsbereich z. B. durch Pixelverdoppelung erwei-tert werden, was einen erheblichen Qualitätsverlust zur Folge haben könnte. Für Ähnlichkeitsbetrachtungen müssen alle Rotationen und Spiegelungen, die es ermöglichen, zwei Quadrate aufeinander abzu-bilden, berücksichtigt werden. Hierfür existieren acht Möglichkeiten: jeweils eine Rotation um $0°$, $90°$, $180°$ und $270°$ Grad für das Ausgangsquadrat und für das an einer Seite gespiegelte Quadrat. Dies bewirkt, daß R_j mit $8 \cdot 58\,081 = 464\,648$ Pixelblöcken, die im folgenden mit $\{\widehat{D}_j\}_{j=1,\ldots,464\,648}$ bezeichnet werden, verglichen werden muß; an dieser Stelle wird klar, weshalb fraktale Verfahren sehr zeitintensiv sind. Als Ähnlichkeitsmaß verwendet man die Metrik

$$d_2(\widehat{D}_j, R_i) = \sqrt{\sum_{l,m \in \{1,\ldots,8\}} (\hat{d}^j_{l,m} - r^i_{l,m})^2}$$

anstelle der Supremums Metrik d_{sup}, wobei $\hat{d}^j_{l,m}$ den Pixelwert des Blocks $\widehat{D}_j$ an der Position (l,m) bezeichnet (für R_i und $r^i_{l,m}$ entsprechend). Hiermit wird ein realistischeres Modell für die Ähnlichkeit zweier Pixelblöcke gegeben. Weiterhin besteht die Möglichkeit, den Kontrast s_j und die Helligkeit o_j des Pixelblockes $\widehat{D}_j$ so zu verändern, daß er dem Wertebereich R_i möglichst ähnlich wird. Dieser Vorgang entspricht dem Minimieren des Terms

$$\tau_j := \min\{\sum_{l,m \in \{1,\ldots,8\}} (s\hat{d}^j_{lm} + o - r^i_{lm})^2 \mid s, o \in \mathbb{R}\} \quad j = 1, \ldots, 464\,648.$$

Für diese Berechnung existieren Formeln, die in [Fish, S. 21] aufgeführt sind. Von diesen Möglichkeiten wählt man denjenigen Pixelblock $\hat{D}_{j_i}$ mit dem zugehörigen Kontrast s_{j_i} und der Helligkeit o_{j_i}, welche den kleinsten Wert τ_{j_i} ergeben. Alternativ hierzu könnte ein Toleranzparameter angegeben werden. Ausgewählt wird derjenige Block $\hat{D}_{j_i}$, dessen τ_{j_i} als erstes kleiner als der Toleranzparameter ist. Dadurch wird es möglich, einen Qualitätsanspruch vorzugeben und eventuell die Rechenzeit zu senken.

Diese Daten $(R_i, \hat{D}_{j_i}, s_{j_i}$ und $o_{j_i})$ definieren offensichtlich eine Abbildung w_{j_i} des gesuchten lokalen IFS. Hierbei bezeichnen R_i und $\hat{D}_{j_i}$ die Bereiche ohne die Pixelwerte. Das Ziel wurde erreicht, wenn $|s_{j_i}| < 1$ gilt; sonst erhält s_{j_i} einen entsprechenden Wert zugewiesen. Diese Qualitätseinbuße muß vorgenommen werden, damit der durch das lokale IFS $\{w_{j_i}\}_{i=1,\ldots,1024}$ definierte Operator W kontraktiv ist. W besitzt in diesem Fall genau einen Fixpunkt, der dem zu codierenden Bild relativ ähnlich ist. Die Übereinstimmung zwischen Fixpunkt und Ausgangsbild ist von der Wahl der Wertebereiche $\{R_i\}$ und Definitionsbereiche $\{D_j\}$ abhängig. Eine Qualitätsgarantie kann jedoch bei fraktalen Verfahren nicht gegeben werden. Dieser Umstand ist als Hauptproblem dieser Verfahren anzusehen.

Codierung

Das Decodieren ist einfach. Man beginnt mit einem beliebigen Bild (es wurden ja keine Pixelwerte gespeichert) und wendet die gespeicherten Abbildungen $\{w_{j_i}\}_{i=1,\ldots,1024}$ auf das jeweils entstandene Bild an, bis der Fixpunkt (und somit ein zum Ausgangsbild ähnliches Bild) hinreichend genau approximiert wurde (siehe Abbildung 3.11).

Decodierung

Die Güte der Approximation kann nach jedem Iterationsschritt anhand des Collage-Theorems festgestellt werden; natürlich kann ebenso eine feste Anzahl an Iterationsschritten vorgegeben werden. Anwenden der Abbildung w_{j_i} bedeutet die sequentielle Ausführung der Schritte:

(1) Auflösungsreduzierung des Definitionsbereichs D_{j_i} auf die Größe des zugehörigen Wertebereichs R_i

(2) eventuelles Rotieren und/oder Spiegeln des auflösungsreduzierten Bereichs

(3) Multiplizieren aller Pixelwerte des auflösungsreduzierten Bereichs mit dem Kontrast s_{j_i}

(4) Addieren des Helligkeitswerts o_i auf alle Pixelwerte des auflösungsreduzierten Bereichs

(5) Speichern der so berechneten Werte an der Position des zugeordneten Wertebereichs R_i

Für diesen Vorgang werden zwei Bildspeicher benötigt. In einem Bildspeicher wird das bereits iterierte Bild gehalten, um Zugriff auf die Pixelwerte der Definitionsbereiche zu haben; im zweiten Bildspeicher wird das Bild der nächsten Iterationsstufe wie eben beschrieben aufgebaut.

3.6.3   Varianten und Probleme

Die Wahl der Partitionierung in Wertebereiche $\{R_i\}$ schreibt in gewissem Rahmen die Wahl der Definitionsbereiche $\{D_j\}$ vor. Durch Zuordnung von Werte- und Definitionsbereich wird das zur Codierung benötigte lokale IFS fast vollständig bestimmt (es müssen nur noch Kontraste und Helligkeiten bestimmt werden). Zudem liefert die Wahl der Partitionierung einen entscheidenden Beitrag zur Qualität. Deshalb stellt die Wahl der Partitionierung den Hauptansatzpunkt für Variationen dar. Ein großer Nachteil der im vorigen Abschnitt beschriebenen Partitionierung ist die feste Größe der Wertebereiche $\{R_i\}$. In vielen Bildern existieren Bereiche, die durch größere Wertebereiche überdeckt werden können, ohne einen Qualitätsverlust in Kauf nehmen zu müssen. Im Gegensatz dazu ist es häufig der Fall, daß komplexe Bildbereiche nur durch sehr kleine Wertebereiche mit einer zufriedenstellenden Qualität codiert werden können. Partitioniert man das zu codierende Bild hinsichtlich der Qualität in viele kleine Wertebereiche, erhält man eine unnötig schlechte Kompression, da für jeden Wertebereich R_i eine Abbildung w_{j_i} definiert werden muß.

Das willkürlich gewählte Startbild (a) nach einer (b), nach zwei (c) und nach zehn Iterationen (d).

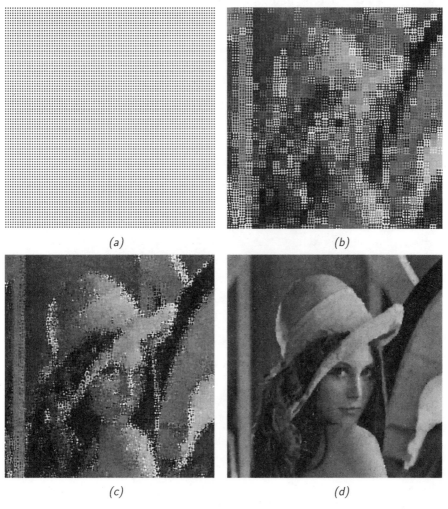

(a)

(b)

(c)

(d)

Quelle: [Fish, S. 15]

Abbildung 3.11
Iterative Decodierung

Eine Möglichkeit, dieses Problem zu lösen, ist die in Abbildung 3.12 dargestellte *Quadtree-Partitionierung*. Hierzu wird ein quadratischer Wertebereich des Bildes rekursiv in jeweils vier gleich große quadratische neue Wertebereiche unterteilt, bis entweder eine Mindestgröße (in der Regel 4×4 Pixel) erreicht oder ein hinreichend ähnlicher Definitionsbereich gefunden wurde. Am Beispiel eines 256×256-Pixel-Bildes beginnt man mit einer Partitionierung in vier Pixelquadrate gleicher Größe und wählt als Menge der Definitionsbereiche $\{D_j\}$ alle möglichen quadratischen Pixelblöcke mit Seitenlängen von 8, 16, 32, 64 und 128 Pixel. Anschließend wird für jeden Wertebereich die Ähnlichkeit mit jedem größeren Definitionsbereich überprüft (vgl. Abschnitt 3.6.2). Der Nachteil dieser Methode ist, daß viele unnötige Vergleiche von Definitions- mit Wertebereichen vorgenommen werden, da die Definitionsbereiche bildunabhängig gewählt worden sind.

Abbildung 3.12
Quadtree-Partitionierung

Quelle: [Fish, S. 56]

Abhilfe wird durch *HV-Partitionierung* geschaffen, bei der die Partitionierung entsprechend zur Quadtree-Partitionierung anstelle von quadratischen mit rechteckigen Pixelblöcken erfolgt. Die rekursive Aufteilung des Bildes in Rechtecke erfolgt so, daß Ähnlichkeiten zwischen den Rechtecken (wie z. B. eine diagonal verlaufende Kante) vorhanden sind, siehe Abbildung 3.13. Als Definitionsmenge $\{D_j\}$ verwendet man ausschließlich die durch die Partitionierung entstandenen Rechtecke.

Ein rechteckiger Bereich eines Bildes (a) wird seinerseits rekursiv in Recht-
ecke unterteilt. In (b) wurde das Rechteck in die zwei Bereiche D_1 und D_2
unterteilt. Bild (c) zeigt die Partitionierung von D_2 in die Bereiche D_3 bis
D_6. Hierbei besitzen D_1, D_3 und D_6 eine gewisse Ähnlichkeit (keine Kante);
entsprechendes gilt für D_2, D_4 und D_5 (diagonal verlaufende Kante). Als
Wertebereiche $\{R_j\}$ würden sich deshalb D_1 und D_3 bis D_6 anbieten.

Abbildung 3.13
HV-Partitionierung

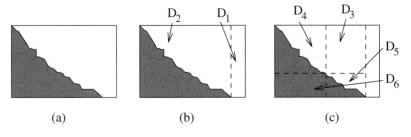

(a) (b) (c)

abgewandelt übernommen aus: [Fish, S. 17]

Bildmodelle und Metriken, sowie Erweiterungen der Möglichkeiten
zur Konstruktion von IFS bieten – neben der Partitionierung – An-
satzpunkte für weitere Varianten. Durch die feste Vorgabe der Anzahl
an Wertebereichen $\{R_i\}$ wird die Codierung eines Bildes mit vorgegebener Kompression möglich.

Das bisher ungeklärte Problem der fraktalen Bildkompression ist
die Erfüllung vorgegebener hoher Qualitätsansprüche: In Bildern ist
es keine Seltenheit, daß Teilbereiche existieren, die keinem anderen
Teilbereich ähneln. Setzt man für diese Teilbereiche als Definitionsbereich denselben Teilbereich mit Kontrast 1 und Helligkeitswert 0,
erhält man in diesem Bereich bei der Decodierung immer den Bereich des für die Decodierung verwendeten Anfangsbildes. Hieran
erkennt man, daß die Bedingung an den Kontrast s ($|s| < 1$) wichtig
ist. Ein weiterer Nachteil dieses Verfahrens ist die im Vergleich zur
DCT und DWT benötigte hohe Rechenzeit zur Codierung. Durch
Einschränkung der zu vergleichenden Definitions- und Wertebereiche
kann auf die Codierungszeit Einfluß genommen werden. Natürlich
erfolgt dies zu Lasten der Qualität.

3.6.4 Bildvorbearbeitung

Das Bild wird in Wertebereiche $\{R_i\}$ partitioniert. Danach wird eine
Menge von Definitionsbereichen $\{D_j\}$ gewählt. Beispiele zur Wahl
von Werte- und Definitionsbereichen sind in Abschnitt 3.6.3 aufgeführt. Dort wurden alle Definitionsbereiche in Abhängigkeit der
Wertebereiche gewählt, prinzipiell besteht dazu allerdings keine Notwendigkeit. Die Wahl sollte jedoch gut durchdacht sein, denn durch

sie wird die maximal erreichbare Qualität stark beeinflußt. Weitere Parameter, die eine Implementierung bieten könnte, sind in den Abschnitten 3.6.2 und 3.6.3 zu finden (andere Bildmodelle, andere Metriken usw.).

3.6.5   Bildbearbeitung

In dieser Phase muß für **jeden** Wertebereich R_i ein möglichst »ähnlicher« Definitionsbereich D_{j_i} gefunden werden. Eine beispielhafte Umsetzung dieses Begriffs wurde in Abschnitt 3.6.2 dargestellt. Aus Qualitätsgründen sollte kein Definitionsbereich eine kleinere horizontale und/oder vertikale Größe besitzen als der zu vergleichende Wertebereich (vgl. Abschnitt 3.6.2). Wurde für einen Wertebereich kein ausreichend »ähnlicher« Definitionsbereich gefunden, dann könnte der betreffende Wertebereich partitioniert werden, um das Verfahren rekursiv zu wiederholen (eventuell sogar mit einer neuen Menge an Definitionsbereichen). Das lokale IFS wird durch die Zuordnung der Wertebereiche mit den »ähnlichen« Definitionsbereichen und die Angabe der Kontraste, sowie Helligkeiten definiert (vgl. Abschnitt 3.6.2). Die Source-Codierung erfolgt durch Angabe des konstruierten lokalen IFS und ist häufig verlustbehaftet, da Bilder meist nicht vollständig zu sich selbst ähnlich sind.

3.6.6   Quantisierung und Entropie-Codierung

Die einzigen Werte, die einer Quantisierung unterzogen werden, sind Kontraste und Helligkeiten, da in der Regel genügend Qualitätseinbußen durch die mangelnde Selbstähnlichkeit eines Bildes entstehen. Nähere Ausführungen können über die Vorgehensweise zur Quantisierung und Entropie-Codierung nicht gemacht werden, da diese sehr stark von der Implementierung abhängen.

4 Leistungsanalyse der DCT-basierten Verfahren

In diesem Kapitel wird die Leistungsfähigkeit der bereits vorgestellten Hybrid-Codierungen H.261, JPEG-Basisverfahren und MPEG-1 anhand dreier Beispielvideos untersucht (siehe Abbildung 4.1). Von der Fülle an JPEG-Verfahren wurde das JPEG-Basisverfahren ausgewählt, weil dieses von vielen Implementierungen unterstützt wird. Bei den anderen drei vorgestellten Hybrid-Codierungen (XCCC, Wavelets und Fraktale) wurde von praktischen Leistungstests abgesehen, weil zum aktuellen Zeitpunkt keine objektiven Vergleichsmöglichkeiten zu den standardisierten DCT-basierten Verfahren gegeben sind: Die Bildkompression mit Wavelets und Fraktalen befindet sich noch in der Anfangsphase, während für XCCC ausschließlich ein Codec verfügbar war, der das 24-Bit-Bildmaterial zur Codierung auf 8 Bit reduziert.

Gütekriterien an Codecs werden typischerweise durch

Leistungskriterien von Codecs und Kompressionsverfahren

❑ subjektive und quantitative Bildqualität,

❑ Kompression und Datenrate,

❑ Codierzeit,

❑ Decodierzeit sowie

❑ Speicherplatzbedarf zum Codieren und Decodieren

gegeben. Weitere Punkte wie Skalierbarkeit, Bildformat, Bildfrequenz, Delay usw. werden durch das Kompressionsverfahren bzw. die eben genannten Aspekte bestimmt. In den folgenden Tests werden ausschließlich die ersten drei Punkte berücksichtigt.

Zur quantitativen Bewertung der Bildqualität wird die *Signal-to-Noise-Ratio* (SNR)

$$\text{SNR} := \frac{\sum_{i=1}^{M} \sum_{j=1}^{N} (F_{i,j}^{\text{orig}})^2}{\sum_{i=1}^{M} \sum_{j=1}^{N} \left(F_{i,j}^{\text{orig}} - F_{i,j}^{\text{rek}} \right)^2}$$

Abbildung 4.1
Die Testvideos

Alle drei Testvideos – mit einer jeweiligen Spieldauer von zwei Sekunden – wurden Anfang 1995 aufgezeichnet. Das bunny-*Video wurde in PRO7, das* clip-*Video in MTV und das* kicker-*Video im DSF ausgestrahlt. Leider hat MTV die Zustimmung zur Darstellung von Bildern des* clip-*Videos verweigert, so daß auf diese verzichtet werden muß.*

Das Bildmaterial lag mit einer Farbtiefe von 24 Bit vor. Allein aus technischen Gründen werden alle zur Dokumentation benötigten Bilder als Graustufenbilder dargestellt.

Bild 10 des Videos, das im folgenden als bunny*(-Video) bezeichnet wird.*

Bild 10 des Videos, das im folgenden als kicker*(-Video) bezeichnet wird.*

zugrunde gelegt. Hierbei sind $F_{i,j}^{\mathrm{orig}}$ und $F_{i,j}^{\mathrm{rek}}$ die Pixel des Original-, bzw. decodierten M × N-Bildes. Die SNR wird auch als *Rauschabstand* bezeichnet und in Dezibel (dB) gemessen. Aus der SNR-Definition ist sofort ersichtlich, daß sie mit der pixelweisen Übereinstimmung zweier Bilder steigt.

Die subjektive Qualität wird für alle Verfahren in die Stufen

(Q1) keine Unterschiede zum Original feststellbar,

(Q2) Unterschiede zum Original nur durch direkten Vergleich feststellbar,

(Q3) akzeptable Qualität, aber Unterschiede zum Original erkennbar,

(Q4) nicht-akzeptable Unterschiede zum Original

unterteilt.

4.1 Details und Bezeichnungen

Alle drei Videos wurden in der bestmöglichen Qualität mit 15 Bildern/s digitalisiert und bestehen jeweils aus 30 Bildern. Die verwendeten Codecs – PVRG-JPEG, PVRG-MPEG und PVRG-H.261 – lagen in der Version 1.1 vor. Es wurde ein UNIX-Betriebssystem verwendet. Zur spektralen Quantisierung (beim JPEG-Basisverfahren und MPEG-1) wurden immer die vom jeweiligen Codec verwendeten Standard-Quantisierungstabellen benutzt. Um möglichst objektive Voraussetzungen gewährleisten zu können, wurde(n)

Nähere Informationen über die Durchführung der Leistungsanalyse

❏ eine gemeinsame Bildgröße von 352 × 288 Pixel festgelegt. Denn H.261 läßt nur die Wahl zwischen den Auflösungen 176 × 144 und 352 × 288 Pixeln. Letztere Auflösung wurde gewählt, weil diese einen größeren Anwendungsbereich abdeckt und eine Auflösung des SIF ist.

❏ alle Codierungen auf einer DEC/alpha Workstation mit 200 MHz CPU durchgeführt, um die Rechenzeiten quantitativ miteinander vergleichen zu können.

❏ für die subjektiven Qualitätstests ein 24-Bit-Display verwendet, damit eine Qualitätsbeeinflussung durch Farbreduktion völlig ausgeschlossen wird.

Unter *Kompression* bzw. *Kompressionsfaktor* wird im folgenden der Quotient aus

$$\frac{f_{coded}}{f_{orig}}$$

verstanden. Hierbei bezeichnen f_{coded} die Dateigröße nach der Codierung und $f_{orig} := 30 \cdot 1,5 \cdot 352 \cdot 288 = 4\,561\,920$ Bytes die Ausgangsdateigröße. Die angegebene SNR berechnet sich als gewichtetes Mittel der Graustufenkomponente Y und der beiden Farbkomponenten U und V:

$$\text{SNR} := \frac{1}{3}(\text{SNR}_\text{Y} + \text{SNR}_\text{U} + \text{SNR}_\text{V}).$$

Bei der Analyse in Abschnitt 4.3 wurde eine zu erzeugende Bildfrequenz von 25 Bildern/s angenommen, weil diese der vom PAL-Fernsehen gewohnten Bildfrequenz entspricht; zudem fordert das SIF bei der Auflösung von 352×288 Pixel diese Frequenz.

Wie bereits angedeutet liegen die Originalbilder im YUV-Farbmodell vor, wobei die beiden Farbkomponenten jeweils die Hälfte der vertikalen und horizontalen Auflösung der Graustufenkomponente Y besitzen. Durch Verwendung der geringeren Auflösung der Farbkomponenten wird bereits eine Kompression von 1:2 ohne sichtbaren Qualitätsverlust erreicht, die allerdings in den folgenden Kompressionsaussagen nicht berücksichtigt wird.

4.2 Veränderung des Q-Faktors

In diesem Abschnitt werden die Auswirkungen der Veränderung des Q-Faktors auf Kompression, Qualität und Rechenzeit analysiert. Dabei ist zu beachten, daß die Q-Faktoren von den jeweiligen Verfahren anders interpretiert werden (vgl. Abschnitte 3.2.3, 3.3.3 und 3.4.3). Zuerst wird auf die jeweilige Durchführung eingegangen, anschließend werden die sich ergebenden wichtigen Resultate zusammengefaßt.

4.2.1 JPEG-Basisverfahren

Alle drei Videos wurden mit den Q-Faktoren 1/50, 1, 2, 3, 4, 5, 6, 20, 30 und 255 – jeweils mit angepaßten und Standard-Huffman-Tabellen – komprimiert. Dabei ist 1/50 der kleinste vom Codec unterstützte und 255 der größte theoretisch sinnvolle Quantisierungsfaktor. Zur Erinnerung: Das JPEG-Basisverfahren verwendet zur Quantisierung eines 8×8-Sampleblocks eine 8×8-Quantisierungstabelle mit ganzen Zahlen von 1 bis 255 (8 Bit). Jeder Eintrag der Quantisierungstabelle wird mit dem vom Benutzer gewünschten positiven Q-Faktor multipliziert und auf die nächste ganze Zahl von 1 bis 255 gerundet. Da der kleinste mögliche Eintrag einer Quantisierungstabelle 1 ist, macht es für den Benutzer offensichtlich keinen Sinn, einen größeren Q-Faktor als 255 zu verwenden.

Die Ergebnisse können Tabelle B.1 entnommen werden. Auf die Angabe der SNR mußte verzichtet werden, weil weder ein JPEG-

Codec noch ein Hilfmittel vorhanden waren, die diese Angaben zur Verfügung stellten. Bereits ab Q=30 sind manche Bilder nicht wiedererkennbar (siehe Abbildung A.1).

4.2.2 H.261

Der PVRG-H.261-Codec unterstützt Suchbereiche zur Bewegungskompensation von 0 bis 30 Pixel Durchmesser. Deshalb wird jedes Video mit den drei Varianten

(INTRA)   intraframe,

(INTER_0)   interframe, mit einem Suchbereich, der ausschließlich den Makroblock in entsprechender Lage des vorhergehenden Bildes berücksichtigt,

(INTER_30)   interframe, mit dem maximalen Suchbereichsdurchmesser von 30 Pixel

codiert. Bei allen Varianten wurde die Datenratekontrolle deaktiviert und mit den festen Q-Faktoren 1, 5, 10, 15, 20, 25 und 31 global quantisiert (H.261 erlaubt ausschließlich die globalen Q-Faktoren $Q \in \{1, 2, \ldots, 31\}$, vgl. Abschnitt 3.2.3). Ohne Deaktivierung der Datenratekontrolle ist die Vorgabe von festen Q-Faktoren nicht möglich, weil die Datenratekontrolle u. a. über die Anpassung der Q-Faktoren an das Bitaufkommen erfolgt.

Auf diese Weise erhält man mit Q=31 die maximale Kompression des Verfahrens, ohne Makroblöcke zu erzeugen, die wegen Erfüllung der Datenrate nicht im Datenstrom berücksichtigt werden. Somit wird ein Vergleich mit JPEG möglich, das die Möglichkeit der Datenratekontrolle nicht unterstützt. Zusätzlich werden Zusammenhänge zwischen SNR und subjektiver Qualität gewonnen, die für die Analyse bezüglich der Datenrate in Abschnitt 4.3 herangezogen werden. Die Ergebnisse sind in Tabelle B.2 festgehalten. Einen optischen Eindruck der schlechtesten Bildqualität (Q=31) vermitteln die Abbildungen A.2 und A.3; es wurden jeweils die Bilder mit der kleinsten SNR (schlechteste Qualität) ausgewählt.

4.2.3 MPEG-1

Auch hier wurde die Datenratekontrolle deaktiviert, um die Vorgabe der globalen Q-Faktoren 1, 5, 10, 15, 20, 25 und 31 zu ermöglichen. Betrachtet wurden die folgenden – jeweils aus neun Bildern bestehenden – *Group Of Pictures* (GOPs):

(GOP1) ausschließlich I-Bilder

(GOP2) das erste Bild ist ein I-Bild, die folgenden acht sind B-Bilder

(GOP3) das erste Bild ist ein I-Bild, alle anderen acht sind P-Bilder

(GOP4) die in der Literatur favorisierte GOP, die aus der Bildfolge IBBPBBPBB besteht

Kompression und SNR wurden bei GOP3 aus den ersten 27 Bildern, bei GOP2 und GOP4 aus den ersten 28 Bildern berechnet. Der Grund für dieses Vorgehen ist die Vermeidung von Verfälschungen durch die unvollständige letzte GOP. Aus Tabelle B.3 wird ersichtlich, daß weder in der Qualität noch in der Kompression nennenswerte Unterschiede nach der Codierung eines Videos mit derselben GOP und unterschiedlichen Suchbereichen auftraten.

Deshalb wird bei MPEG-1 im folgenden, außer GOP1, mit einem Suchbereichsdurchmesser von sieben Pixel codiert; die mit diesem Suchbereichsdurchmesser erreichten Ergebnisse sind in Tabelle B.4 aufgeführt. Einen optischen Eindruck der schlechtesten Bildqualität vermitteln die Abbildungen A.4 und A.5; es wurden jeweils die rekonstruierten Bilder mit der kleinsten SNR ausgewählt.

4.2.4   Resultate

4.2.4.1   Artefakte

Ein typischer Artefakt bei allen intraframe-codierenden DCT-basierten Verfahren ist die Blockbildung, die sich mit zunehmender Quantisierung verstärkt. Der Einsatz von Bewegungsvektoren führt zu einer relativen Verschiebung der Blöcke zueinander; dadurch entsteht mit zunehmender Quantisierung der Eindruck eines verschwommenen und unscharfen Bildes.

4.2.4.2   JPEG-Basisverfahren

Das bunny-Video konnte bei gleicher Qualität besser komprimiert werden, als die beiden anderen Videos. Dies bedeutet, daß sich mit steigender Zahl an gleichfarbigen Flächen die Kompression unter Beibehaltung des Q-Faktors verbessert.

Die Kompression unter Verwendung angepaßter Huffman-Tabellen ist – zu Lasten der Rechenzeit, um den Faktor 2 – stets besser als die Kompression unter Verwendung von Standard-Huffman-Tabellen. Die Kompression nähert sich aber mit zunehmender Qualität, also sinkendem Q-Faktor, zwischen diesen beiden JPEG-Varianten an, d. h., es existieren starke Kompressionsunterschiede bei großen Q-Faktoren und geringe Kompressionsunterschiede bei kleinen Q-Faktoren. Dies läßt vermuten, daß Standard-Huffman-Tabellen bei H.261 und MPEG-1 wegen der Rechenzeit und nicht aus Kompressionsgründen eingesetzt werden.

Hinsichtlich Codierungszeit haben beide JPEG-Varianten eindeutige Vorteile gegenüber H.261 und MPEG-1.

Die maximalen Kompressionsfaktoren der JPEG-Varianten, mit denen die Qualität Q3 erreicht wird, sind aus der folgenden Tabelle ersichtlich. Die größten Q-Faktoren, mit denen diese Qualität noch erreicht werden kann, liegen zwischen 4 und 6.

Video	angepaßte Tabellen	Standard- Tabellen
bunny clip	1:55	1:40
kicker	1:26	1:21

Die Originalqualität Q1 wird ab Q=1, mit einer wesentlich besseren Kompression als Q=1/50, erreicht.

Bei einer Codierung mit Qualität Q1 reduziert sich die Kompression im Vergleich zur Qualität Q3 um den Faktor 2.

Die maximale Kompression wird bereits mit dem Q-Faktor 30 erzielt, da die sich entsprechenden Bilder bei Q=30 und Q=255 Bit-identisch waren. In diesem Fall existieren in jedem Video bis zur Unkenntlichkeit komprimierte Bilder (vgl. Abbildung A.1) und es können Kompressionsfaktoren bis zu 1:140 erreicht werden.

Insgesamt sind für Originalqualität (Q=1) Kompressionsfaktoren von mehr als 1:10, für akzeptable Qualität (Q=4) von mehr als 1:20, zu erwarten.

4.2.4.3 H.261

H.261 kann mit allen Varianten jede Qualitätsanforderung erfüllen. Im Gegensatz zu JPEG ist es jedoch nicht möglich, ein Bild bis zur Unkenntlichkeit zu komprimieren.

Die Intraframe-Codierung ist – bezüglich Kompression und Qualität – mit dem JPEG-Basisverfahren und Standard-Huffman-Tabellen vergleichbar, wobei die Rechenzeit bei H.261 sehr viel größer ist. Soll die Qualität Q1 erreicht werden, ist die Intraframe- der Interframe-Codierung vorzuziehen; aufgrund der Bewegungskompensation entstehen auch bei geringer Kompression häufig kleinere Artefakte, die im direkten Vergleich sichtbar werden. Im Falle der Intraframe-Codierung sind nach Codierung in Originalqualität Kompressionsfaktoren von mehr als 1:5 zu erwarten (Q=5).

Akzeptiert man geringe Qualitätseinbußen im Vergleich zum Original (schlechter als Qualität Q1), ist die durch Interframe-Codierung erreichte Kompression mindestens um den Faktor 2 besser als die Intraframe-Codierung. Die bessere Kompression erfolgt zu Lasten einer höheren Codierzeit.

INTER_30 ergab bei den Videos kicker und clip immer eine bessere Kompression als INTER_0. In den Qualitätsbereichen Q2 und Q3 wurde mit INTER_30 eine um 30% bessere Kompression als mit INTER_0 erreicht. Beide Interframe-Codierungen erreichen mit den Kompressionsfaktoren

1:80 bei den Videos bunny und clip (Q=15) und

1:30 bei dem Video kicker (Q=20)

mindestens die Qualität Q3.

4.2.4.4   MPEG-1

MPEG-1 erfüllt, wie auch H.261, mit allen Varianten jede Qualitätsanforderung. Ebenso ist es mit MPEG-1 nicht möglich, ein Bild bis zur Unkenntlichkeit zu komprimieren.

Für die Codierung mit GOP1 gelten die entsprechenden Aussagen der Codierung INTRA im Vergleich zur JPEG-Codierung. Auch hier ist für eine Codierung mit Originalqualität die Intraframe-Codierung (GOP1) allen anderen MPEG-1-Varianten vorzuziehen; man kann Kompressionsfaktoren von mehr als 1:5 (Q=10) erwarten.

Mit GOP2 werden durch den großen Anteil an B-Bildern für alle drei Videos die besten Kompressionsergebnisse aller MPEG-Varianten erzielt, da zu den Möglichkeiten der Codierung eines P-Bild-Makroblocks noch die Rückwärts-Prediction und Interpolation zwischen zwei Makroblöcken der Referenzbilder möglich ist.

Aufgrund der vielen Möglichkeiten erreicht man mit GOP2 bei jeder Qualitätstufe und bei jedem Video eine um den Faktor 2 bessere Kompression als mit GOP3. Die Codierungszeit ist jedoch ebenfalls um den Faktor 2 größer.

Die Codierung mit GOP3 entspricht der Leistungsfähigkeit der Interframe-Codierung mit entsprechendem Suchbereich bei H.261. Allerdings ist die maximal erreichbare Kompression bei H.261 durch den Verzicht von intraframe-codierten Bildern innerhalb der Videosequenz deutlich größer; dies hat eine schlechtere Bildqualität zur Folge (vgl. z. B. die Abbildungen A.5 und A.3).

Eine Codierung mit GOP4 ist bezüglich Kompression und Rechenzeit als Kompromiß zwischen den beiden eben erwähnten GOPs – GOP2 und GOP3 – zu betrachten. Werden geringe Unterschiede zum Original akzeptiert (schlechter als Q1), ist GOP4 als Kompromiß zwischen Rechenzeit und Kompression die richtige Wahl. Spielt die Rechenzeit keine Rolle, sollte mit GOP2 codiert werden.

Die Kompressionsfaktoren bei vorgegebener Mindestqualität Q3 sind mit H.261 vergleichbar. Ein großer Vorteil von MPEG-1 gegenüber H.261 sollte nicht vernachlässigt werden: Aufgrund der regelmäßig auftretenden I-Bilder sind viele Features, wie z. B. wahlfreier Zugriff und Rückwärtsabspielen, leichter zur Verfügung zu stellen, als dies mit H.261 möglich ist. Dies war bei der Entwicklung von H.261 zwar nicht beabsichtigt, bleibt aber dennoch ein Vorteil von MPEG-1.

4.3 Veränderung der Datenrate

Ziel dieses Abschnitts ist es, herauszufinden, welche Datenrate

- ❏ die untere Grenze des Codierers ist,

- ❏ mindestens die Qualität Q3 ermöglicht,

- ❏ mindestens die Qualität Q2 ermöglicht,

- ❏ eine Codierung in Originalqualität Q1 ermöglicht.

4.3.1 Durchführung

Da JPEG eine Codierung nach Datenrate nicht unterstützt, werden hierfür ausschließlich H.261 und MPEG-1 berücksichtigt.

Die Regulierung der Datenrate erfolgt bei den PVRG-Codecs mittels einer zum Füllstand des Puffers proportionalen Anpassung des Q-Faktors mit der Zielsetzung, eine konstante Datenrate zu erzeugen. Dazu werden im Ausgangsdatenstrom, innerhalb eines gewissen Rahmens, für diejenigen Makroblöcke keine Daten erzeugt, bei denen der Puffer gefüllt ist. Als Folge werden zur Codierung komplexer Bildbereiche Makroblöcke unterdrückt, um die erzeugten Bits auf die vorgegebene Datenrate zu beschränken; einfache Bildbereiche werden mit künstlich erzeugten Bits (»Bit-Stuffing«) erweitert, um die Datenrate zu erreichen (konstante Datenrate). Dieser Vorgang beeinflußt Kompression und Bildqualität; er wird von beiden Standards nicht genau definiert, sondern erfolgt großteils nach Implementierungsmaßstäben. Somit ist nur bei deaktivierter Datenratekontrolle ein Vergleich zwischen H.261 und MPEG-1 mit JPEG sinnvoll; dies wurde in Abschnitt 4.2 durchgeführt.

Die untere Grenze der Datenrate wird als diejenige Datenrate definiert, bei der eine Codierung ohne Überlauf des Puffers möglich wird. Bei den Untersuchungen in Abschnitt 4.2 hat sich herausgestellt, daß bei einer minimalen SNR von 27 dB, 33 dB und 37 dB die Qualitäten Q3, Q2 und Q1 garantiert werden können. Diese Aussage wurde bei den hier codierten Videos bestätigt, deshalb sind die subjektiven Qualitätseindrücke in den Tabellen B.6 und B.5 nicht mehr aufgeführt. Die Tabellen listen für jedes Verfahren diejenigen Datenraten auf, zwischen denen kein Überlauf des Puffers mehr erfolgte (untere Grenze des Codierers), zwischen denen die SNR von 27 dB erstmals erreicht wurde (garantiert mindestens die Qualität Q3), zwischen denen die SNR von 33 dB erstmals erreicht wurde (garantiert mindestens die Qualität Q2) und zwischen denen die SNR von 37 dB erstmals erreicht wurde (garantiert die Originalqualität Q1). Sollten Eintragungen in der Tabelle B.6 fehlen, konnten die Werte nicht ermittelt werden. Die H.261-Intraframe-Codierung konnte nicht untersucht werden, weil der PVRG-H.261-Codec bei aktivierter Datenratekontrolle eine reine Intraframe-Codierung nicht unterstützt.

4.3.2   Resultate

Sieht man als sinnvolle obere Grenze der Datenrate $30 \cdot 64$ kBit/s $\approx 1,9$ MBit/s, bzw. $2 \cdot 150$ KByte/s $\approx 2,4$ MBit/s an, dann wird die Qualität Q1 ausschließlich mit GOP1 unter Verwendung des bunny-Videos erreicht.

Alle Verfahren – mit Ausnahme GOP1 – benötigen eine minimale Datenrate von $6 \cdot 64$ kBit/s, um die für einen Benutzer akzeptable Bildqualität Q3 bei den Videos bunny und clip zu gewährleisten. Das entspricht dem Kompressionsfaktor von 1:76. In Abschnitt 4.2 wurde die Qualität Q3 wegen der deaktivierten Datenratekontrolle schon mit einem Kompressionsfaktor von 1:80 erreicht. Der Grund dafür ist der Zwang des Codecs, für einen Makroblock (in einem gewissen Rahmen) dann keine Daten zu erzeugen, wenn der Puffer gefüllt ist. Hieran erkennt man, daß die Umsetzung der Datenratekontrolle einen erheblichen Anteil an der Leistungsfähigkeit eines Codecs besitzt.

Mit einer Bandbreite von 1,2 MBit/s $\approx 19 \cdot 64$ kBit/s erreicht die H.261-Interframe-Codierung bei H.261 die Qualität Q2, wohingegen GOP3 und GOP4 fast die doppelte Datenrate benötigen.

MPEG ist H.261 bei der Codierung des Videos kicker mit GOP4 überlegen, da hier für die Qualität Q3 nur 150 KByte/s $\approx 1,2$ MBit/s im Gegensatz zur Interframe-Codierung von H.261 mit 1,7 MBit/s benötigt wird.

Die Komplexität der Videos bunny und clip ist mit der Komplexität von Videotelefonanwendungen vergleichbar. Somit wurde bestätigt, daß für diese Aufgabe H.261 zu bevorzugen ist, während man zur Codierung von »richtigen« Videos MPEG-1 mit GOP4 wählen sollte. Werden Features wie wahlfreier Zugriff benötigt, stellt H.261 keine Alternative zu MPEG-1 dar (vgl. Abschnitt 4.2.3). MPEG-1 benötigte zur Codierung des Videos kicker eine hohe Datenrate (> 5 MBit/s), um die Qualität Q2 garantieren zu können.

Abschließend sei hier bemerkt, daß unter Verwendung anderer Codecs nicht dieselben Ergebnisse garantiert werden können. Der Grund ist in den zur Bewegungskompensation verwendeten Algorithmen und in dem Algorithmus zur Steuerung der Datenrate zu suchen. Diese Algorithmen sind, wie bereits in den Abschnitten 3.2 und 3.4 erwähnt, nicht Bestandteil der Standards, besitzen aber einen erheblichen Einfluß auf Rechenzeit, Qualität und Kompression.

5 Zusammenfassung und Ausblick

Im zweiten Kapitel wurde zunächst der Begriff der Entropie ein- *Kapitel 2*
geführt. Diese entspricht der größten unteren Schranke der mittleren Codewortlänge bei Entropie-Codierungen mit ganzzahliger Codewortlänge und festen Auftrittswahrscheinlichkeiten der Eingabezeichen. Damit ist es möglich, die Kompressionseffizienz von Entropie-
Codierungen dieser Klasse zu beurteilen. Es stellte sich heraus, daß
die Huffman-Codierung in der Klasse der Entropie-Codierungen mit
ganzzahliger Codewortlänge optimal codiert. Die Entropie wird aber,
selbst bei binärem Codealphabet, nur in seltenen Fällen erreicht. Im
Gegensatz dazu ermöglicht die Arithmetische Codierung bei binärem
Codealphabet immer die Codierung einer Folge von Eingabezeichen
mit ungefähr der der Entropie entsprechenden Bitanzahl. Der Grund
ist die Codierung einer Folge von Eingabezeichen als Einheit, wodurch
die Einschränkung der ganzzahligen Codewortlänge entfällt. Sie ist
ein Beispiel für eine Entropie-Codierung mit nicht-ganzzahliger Codewortlänge. In der praktischen Umsetzung entstehen für beide Verfahren Probleme, so daß die Arithmetische Codierung in der Regel
nicht viel besser komprimiert als die Huffman-Codierung. Wegen der
in Abschnitt 2.2.4 genannten Gründe und der guten Kompression bei
vielen möglichen Folgen von Eingabezeichen wird in Anwendungen
die modifizierte Huffman-Codierung als Entropie-Codierung bevorzugt eingesetzt.

Zur Videokompression ist die allein durch Entropie-Codierung
erreichbare Kompression zu gering. Deshalb werden die Bilddaten
mittels einer vorhergehenden Source-Codierung, die im Gegensatz zur
Entropie-Codierung verlustbehaftet sein darf, so aufbereitet, daß eine
effektivere Entropie-Codierung möglich wird. Dies wird u. a. durch
Einschränkung von Wertebereichen (z. B. mittels DPCM), Ausnutzen von zeitlichen Redundanzen (z. B. mittels Bewegungskompensation) oder Abbildung einer Folge von Eingabezeichen auf eine Folge
von anderen Eingabezeichen erreicht, so daß die relevante Information auf wenige und bekannte Eingabezeichen konzentriert ist. Letzteres wird u. a. mittels Transformationen ermöglicht. Sie müssen aus
offensichtlichen Gründen invertierbar und einfach berechenbar sein.

Eine in der Bildverarbeitung häufig verwendete Transformation, die diesen Bedingungen genügt, ist die DCT.

Kapitel 3   Das dritte Kapitel stellte die Hybrid-Codierungen XCCC, H.261, JPEG, MPEG-1, sowie Bildkompression mit Wavelets und Fraktalen vor.

XCCC ist ein verlustbehaftetes Kompressionsverfahren für farbige digitale Bewegtbilder mit einer Farbtiefe von 24 Bit im RGB-Farbmodell. Es codiert intraframe und erreicht die Kompression durch blockweise Farbreduktion, Verwendung einer CLUT und anschließender Entropie-Codierung; da eine Farbreduktion stets stattfindet, können in der Regel hohe Qualitätsanforderungen nicht erfüllt werden. XCCC ist darauf ausgerichtet, bei Grafikadaptern, die eine CLUT benutzen, eine schnelle Decodierung zu gewährleisten. Verwendet man eine CLUT mit 256 Einträgen, ist das Verfahren nicht symmetrisch. Der Grund hierfür ist der Zeitaufwand der Farbreduktion vor der Codierung.

H.261 ist ein DCT-basiertes, symmetrisches, verlustbehaftetes Kompressionsverfahren für farbige digitale Bewegtbilder im CIF-oder QCIF-Format. Der Anwendungsbereich von H.261 ist das Bildtelefon und die Videokonferenz über ISDN. Im Gegensatz zu XCCC können zeitliche Redundanzen durch Bewegungskompensation ausgenutzt und hohe Qualitätsansprüche erfüllt werden. Die Bildqualität ist, wie bei allen DCT-basierten Verfahren, von den Bildinhalten und der gewünschten Kompression abhängig. Ist die entsprechende Hardware vorhanden, kann das Verfahren in Echtzeit durchgeführt werden.

JPEG ist ein Toolkit zur Kompression von einzelnen Graustufen-oder Farbbildern, kann jedoch als intraframe-codierendes Bewegtbildverfahren aufgefaßt werden (M-JPEG). Im Gegensatz zu XCCC und H.261 ist das Bildformat und Farbmodell nahezu beliebig wählbar, die Codierung kann verlustbehaftet (DCT-basiert) oder verlustlos durchgeführt werden. Das hierarchische JPEG-Verfahren ermöglicht, ein Bild in verschiedenen Größen, die sich durch Zweierpotenzen in der horizontalen und/oder vertikalen Auflösung voneinander unterscheiden, mittels verlustbehafteter und/oder verlustloser JPEG-Verfahren effizient zu speichern. Viele zur Zeit verwendete JPEG-Codecs unterstützen ausschließlich das JPEG-Basisverfahren, welches DCT-basiert und symmetrisch ist.

MPEG-1 ist ein Verfahren zur Kompression von farbigen digitalen Bewegtbildern mit zugehörigem digitalen Audio. Dieses Verfahren nutzt Erkenntnisse von H.261 und JPEG. Anwendungsgebiete sind z. B. CD-i und Karaoke. Die Bildgröße ist nahezu beliebig wählbar, ansonsten entspricht das Bildformat dem von H.261. MPEG-1 ist DCT-basiert, kann zeitliche Redundanzen aufgrund von B-Bildern besser ausnutzen als H.261, bietet viele Features (z. B.

wahlfreien Zugriff) und kann hohe Qualitätsansprüche erfüllen, sofern
die gewünschte Kompression dies zuläßt. Im Gegensatz zu H.261 wurde MPEG-1 nicht als Echtzeitverfahren entwickelt und kann sowohl
symmetrisch als auch asymmetrisch durchgeführt werden (abhängig
von der Anzahl der B-Bilder, Suchbereichsdurchmesser usw.).

Um in der Bildverarbeitung zwischen relevanten und irrelevanten Daten zu unterscheiden, ist die DWT als Source-Codierung eine
Alternative zur DCT. Beide Transformationen sind in der Praxis hinsichtlich Rechenzeit gleichwertig und symmetrisch durchführbar. Zudem bietet die DWT eine Skalierbarkeit um den Faktor 2, welche bei
DCT-basierten Verfahren künstlich erzeugt werden muß (z. B. hierarchische JPEG-Verfahren). Im Gegensatz zur DCT wird die DWT
auf das gesamte zu codierende Bild angewendet, ohne es vorher in
Blöcke aufzuteilen. Dies ist möglich, weil die Frequenzlokalisierung
anhand der Wavelets genauer ist. Zur Zeit wird die DWT ausschließlich auf Graustufenbilder angewendet. Obwohl sich noch keine optimalen Filter (mit Hilfe der Filter wird die DWT und die inverse
DWT realisiert) für die Bildverarbeitung ergeben haben, sind die
Kompressions- und Qualitätseindrücke in der Literatur schon jetzt
vielversprechend; die von DCT-basierten Verfahren gewohnte Blockbildung bei großen Kompressionsfaktoren wird mit DWT-basierten
Verfahren vermieden. Um die DWT zur Bewegtbildkompression ein-
zusetzen, werden die zeitlichen Redundanzen durch Transformation
der Differenzbilder ausgenutzt. Von der DWT erhoffen sich viele
Wissenschaftsbereiche Vorteile. Deshalb ist zu erwarten, daß in ab-
sehbarer Zeit große Fortschritte auf diesem Gebiet erzielt werden.

Die Bildkompression mit Fraktalen ist ein Verfahren zur Einzelbildkompression, das auf der Suche nach Selbstähnlichkeiten beruht
und keine Qualitätsgarantien geben kann. Außerdem wird zur Codierung eine lange Rechenzeit benötigt (asymmetrisches Verfahren).
Ein Vorzug der fraktalen Bildkompression ist die beliebige Skalierbarkeit, da das codierte Bild vollständig funktional vorliegt. Die Decodierung erfolgt durch iterative Anwendung des konstruierten lokalen
IFS auf ein beliebiges Anfangsbild. Normalerweise werden 10 Iterationen benötigt, um ein Bild hinreichend genau rekonstruieren zu
können [Fish], jedoch kann auch hierfür keine Garantie gegeben werden. Bei der Bildkompression mit Fraktalen ist abzuwarten, ob Qualitätsgarantien einfach realisiert werden können. Sollte dies möglich
sein, hat das Verfahren aufgrund der beliebigen Skalierbarkeit große
Zukunftsaussichten.

Die praktischen Leistungsanalysen der DCT-basierten Verfah-   *Kapitel 4*
ren (JPEG-Basisverfahren, H.261 und MPEG-1) wurden im vierten
Kapitel dargestellt. Alle Codierungs-Varianten, die sich der Bewegungskompensation bedienten, erzeugten auch bei geringer Kompres-

sion häufig sichtbare Veränderungen zum Originalbild. Deshalb sollte bei hohen Qualitätsanforderungen immer auf Bewegungskompensation verzichtet und intraframe-codiert werden. Die besten Kompressionsraten bei sehr guter Qualität (1:10 bis 1:20) erreichte das JPEG-Basisverfahren mit angepaßten Huffman-Tabellen. Sollte die Rechenzeit eine Rolle spielen, kann auch das JPEG-Basisverfahren mit Standard-Tabellen verwendet werden, da die Kompression in diesem Qualitätsbereich nur unwesentlich schlechter war, aber nur die Hälfte der Rechenzeit benötigt wurde. Sind die Qualitätsansprüche nicht zu groß (wird nur die Qualität Q3 gefordert), erreichen die Interframe-Verfahren häufig mindestens die doppelte Kompression als das beste Intraframe-Verfahren. Bei Bildmaterial, das der Komplexität einer Bildtelefonanwendung entspricht, sollte H.261 verwendet werden (wenn keine großen Qualitätsansprüche bestehen); dann sind Kompressionsfaktoren von mehr als 1:80 möglich (das entspricht einer Datenrate von $6 \cdot 64$ KBit/s bei CIF-Auflösung und einer Bildfrequenz von 25 Hz).

Im Hinblick auf Rechenzeit und Kompression ist GOP4 ein Kompromiß zwischen GOP2 und GOP3. Da mit GOP4 codierte Videos alle Möglichkeiten von MPEG-1 ausnutzen und die möglichen Referenzbilder (I- und P-Bilder) zeitlich eng zusammenliegen, wird eine gute Kompression bei vielen möglichen Filmen garantiert. Wie auch bei H.261 sollten zu diesem Zweck keine großen Qualitätsanforderungen bestehen. MPEG-1 muß in regelmäßigen Abständen ein Bild vollständig intraframe-codieren (I-Bild). Deshalb erreicht H.261 bei einfachem Bildmaterial bessere Kompressionsraten, wobei die gleiche Qualität erzielt wird. Das komplexere kicker-Video konnte jedoch mit GOP4 bei Qualität Q3 besser als mit H.261 codiert werden. Der Kompressionsfaktor betrug 1:30 (das entspricht der Datenrate von 1,2 MBit/s bei CIF-Auflösung und einer Bildfrequenz von 25 Hz). Zur Codierung von »richtigen« Videos sollte deshalb MPEG-1 dem Kompressionsverfahren H.261 vorgezogen werden. Es sind dabei Kompressionsfaktoren von 1:30 mit akzeptabler Qualität zu erwarten.

Wird eine Bearbeitung des codierten digitalen Videos in Betracht gezogen, ist eine intraframe oder MPEG-1-Codierung anzuraten. Der Grund ist die mangelhafte Zugriffsmöglichkeit auf ein interframe-codiertes Bild bei H.261. Dazu muß das codierte Video von Anfang an – bis zum gewünschten Bild – decodiert werden. MPEG-1 umgeht dieses Problem durch die regelmäßige Codierung von I-Bildern (Anfang und Ende einer GOP kann auch im codierten Datenstrom einfach erkannt werden).

Zur Qualitätsbewertung hat sich die SNR als sehr nützlich erwiesen. Eine SNR ab 27 dB konnte immer eine akzeptable Qualität garantieren, ab 33 dB waren Unterschiede nur im direkten Vergleich

sichtbar und ab 37 dB konnte kein Unterschied zwischen Original-
und codiertem Video erkannt werden. Die SNR bezieht sich hierbei immer auf das Bild des codierten Videos mit der kleinsten SNR.
Der Vorteil einer quantitativen Qualitätsbewertung mittels SNR ist
die Unabhängigkeit der zur Bilddarstellung benötigten Geräte (Monitor, Grafikadapter usw.) und Software (besonders die Realisierung
einer eventuellen Farbreduktion, um die subjektive Qualität zu bewerten). Die subjektive Qualitätsbewertung hätte bei Verwendung
eines 8-Bit-Displays wesentlich andere Ergebnisse als mit dem 24-
Bit-Display geliefert, da Qualitätsunterschiede durch die notwendige
Farbreduktion erst mit hoher Kompression sichtbar werden.

In naher Zukunft wird MPEG-2 ein Standard der ISO/IEC wer- *Ausblick*
den. MPEG-2 erweitert die Möglichkeiten von MPEG-1 zur Codierung von digitalen Videos mit zugehörigem Audio in vielfältiger Weise, so daß bessere Leistungsdaten als bei MPEG-1 bezüglich Qualität
und Datenrate zu erwarten sind. Mit MPEG-2 ist es möglich, Bilder mit Zeilensprung effizient zu codieren und ist somit für »richtige« Videoanwendungen geeignet. Einsatzgebiete sind z. B. Videoübertragung mittels Breitbandkabel für TV und HDTV, Video-
on-Demand und Tele-Shopping. Wie bereits erwähnt ist zu erwarten,
daß die DWT alternativ zur DCT eingesetzt werden wird. Vor allem
durch den Standardisierungsprozeß von MPEG-4 ist ein großer Wis-
senszuwachs über DWT-basierte und fraktale Verfahren abzusehen,
da diese Verfahren zur Eignung der Codierung von digitalen Bewegtbildern mit niedrigen Datenraten erforscht werden.

A Leistungsanalyse – Abbildungen

Ein Qualitätseindruck des JPEG-Basisverfahrens unter Verwendung des Q-Faktors 30. Eine größere Entfremdung ist auch mit höheren Q-Faktoren nicht möglich; die maximale Kompression ist bereits mit diesem Q-Faktor erreicht.

Abbildung A.1
Bildqualität des JPEG-Basisverfahrens

bunny-*Video*

kicker-*Video*

Abbildung A.2
Bildqualität des
H.261-codierten
bunny-*Videos*

Ein Qualitätseindruck von H.261 mit dem maximalen Q-Faktor (Q=31). Es wurde jeweils das rekonstruierte Bild mit der kleinsten SNR ausgewählt. In der linken Spalte befindet sich das Original-, in der rechten Spalte das rekonstruierte Bild.

Ein Qualitätseindruck von H.261 mit dem maximalen Q-Faktor (Q=31). Es wurde jeweils das rekonstruierte Bild mit der kleinsten SNR ausgewählt. In der linken Spalte befindet sich das Original-, in der rechten Spalte das rekonstruierte Bild.

Abbildung A.3
Bildqualität des H.261-codierten `kicker`-*Videos*

Abbildung A.4
Bildqualität des
MPEG-1-codierten
bunny-Videos

Ein Qualitätseindruck von MPEG-1 mit dem maximalen Q-Faktor (Q=31).
Es wurde jeweils das rekonstruierte Bild mit der kleinsten SNR ausgewählt.
In der linken Spalte befindet sich das Original-, in der rechten Spalte das
rekonstruierte Bild.

Ein Qualitätseindruck von MPEG-1 mit dem maximalen Q-Faktor (Q=31). Es wurde jeweils das rekonstruierte Bild mit der kleinsten SNR ausgewählt. In der linken Spalte befindet sich das Original-, in der rechten Spalte das rekonstruierte Bild.

Abbildung A.5
Bildqualität des MPEG-1-codierten kicker-*Videos*

B Leistungsanalyse – Tabellen

	Q-Faktor	subjektive Qualität	angepaßte Tabellen			Standard-Tabellen		
			Dateigröße (Byte)	Kompression (%)	Rechenzeit (s)	Dateigröße (Byte)	Kompression (%)	Rechenzeit (s)
bunny	1/50	1	1 955 687	42,87	15,1	2 020 983	44,30	9,0
	1	1	226 896	4,97	12,0	245 828	5,39	6,2
	2	2	135 305	2,97	12,0	161 020	3,53	6,0
	3	3	102 439	2,25	12,0	131 401	2,88	6,0
	4	3	83 681	1,83	12,0	115 321	2,53	6,0
	5	4	71 360	1,56	12,0	105 182	2,31	6,1
	6	4	62 777	1,38	12,0	98 057	2,15	6,0
	20	4	33 355	0,73	12,0	72 617	1,59	6,0
	30	4	32 348	0,71	12,0	71 527	1,57	6,0
	255	4	32 348	0,71	12,0	71 527	1,57	6,0
clip	1/50	1	2 059 469	45,14	15,7	2 137 373	46,85	9,0
	1	1	266 695	5,85	12,0	285 317	6,25	6,6
	2	1	162 746	3,57	12,0	188 647	4,14	6,2
	3	2	119 917	2,63	12,0	149 316	3,27	6,1
	4	3	96 841	2,12	12,0	128 190	2,81	6,0
	5	3	80 857	1,77	12,0	114 451	2,51	6,0
	6	4	69 828	1,53	12,0	105 046	2,30	6,0
	20	4	33 756	0,74	12,0	73 111	1,60	6,0
	30	4	33 026	0,72	12,0	72 367	1,59	6,0
	255	4	33 026	0,72	12,0	72 367	1,59	6,0
kicker	1/50	1	2 680 026	58,75	18,0	2 896 895	63,50	9,0
	1	1	485 133	10,63	13,3	506 467	11,10	9,0
	2	2	302 818	6,64	12,0	332 902	7,30	8,0
	3	3	219 623	4,81	12,0	254 661	5,58	6,4
	4	3	171 871	3,77	12,0	209 352	4,59	6,1
	5	4	139 832	3,07	12,0	178 680	3,92	6,1
	6	4	117 675	2,58	12,0	157 238	3,45	6,1
	20	4	40 303	0,88	12,0	81 746	1,79	6,0
	30	4	39 012	0,86	12,0	80 575	1,77	6,0
	255	4	39 012	0,86	12,0	80 575	1,77	6,0

Tabelle B.1
JPEG-Basisverfahren (Veränderung des Q-Faktors)

Weitere Informationen befinden sich in den Abschnitten 4.2.1 und 4.2.4.2.

Tabelle B.2

H.261 (Veränderung des Q-Faktors)

		INTRA					INTER_0					INTER_30				
		subjektive Qualität	Kompression (%)	SNR min	SNR ø	Rechenzeit (s)	subjektive Qualität	Kompression (%)	SNR min	SNR ø	Rechenzeit (s)	subjektive Qualität	Kompression (%)	SNR min	SNR ø	Rechenzeit (s)
	Q-Faktor															
bunny	1	1	29,10	43,65	43,89	47,2	1	36,21	41,57	43,25	21,4	1	33,03	41,89	43,71	122,9
	5	1	7,16	37,11	37,43	43,7	1	5,12	35,42	36,06	16,0	1	4,60	35,35	35,98	115,0
	10	1-2	4,39	34,15	34,48	44,3	1-2	2,13	31,77	32,24	16,2	1-2	1,90	31,32	31,89	118,9
	15	2	3,36	32,13	32,54	44,8	2-3	1,18	29,11	29,96	13,8	2-3	1,14	28,98	29,65	120,8
	20	2-3	2,95	31,16	31,57	45,5	3	0,88	27,86	28,89	15,4	3	0,91	27,54	28,56	125,2
	25	2-3	2,68	30,27	30,78	45,9	3	0,72	26,83	28,06	13,3	3	0,80	26,65	27,71	126,4
	31	3	2,51	29,73	30,12	46,2	3-4	0,63	26,17	27,29	13,3	3-4	0,76	25,82	26,98	128,8
clip	1	1	32,13	42,09	42,75	43,0	1	39,19	41,42	42,03	21,6	1	32,85	41,90	42,67	103,7
	5	1	7,69	34,82	35,46	39,8	1-2	6,47	33,74	34,23	16,8	1-2	4,87	33,73	34,21	99,2
	10	1-2	4,50	31,79	32,34	40,4	2-3	2,80	29,99	30,40	16,8	2-3	1,98	29,63	30,08	105,7
	15	2-3	3,36	29,81	30,40	41,6	3	1,62	27,40	27,94	14,1	3	1,17	27,16	27,67	109,8
	20	3-4	2,92	28,80	29,43	42,8	3-4	1,21	26,21	26,67	16,1	3-4	0,92	25,87	26,55	115,6
	25	3-4	2,64	27,85	28,63	43,5	3-4	0,98	25,30	25,83	13,8	3-4	0,80	25,22	25,79	116,6
	31	4	2,47	27,04	28,02	44,4	4	0,86	24,62	25,16	13,6	4	0,74	24,38	25,05	119,7
kicker	1	1	60,10	42,12	42,51	45,3	1	59,97	41,71	42,50	23,1	1	53,28	42,56	42,95	109,7
	5	1-2	18,72	34,18	34,48	41,7	1	16,20	33,10	33,89	18,5	1	12,92	32,97	33,47	106,9
	10	2	10,53	30,47	30,80	42,2	1-2	8,28	28,74	29,63	17,7	1-2	6,14	28,57	29,10	112,9
	15	3	6,97	28,19	28,63	43,3	2-3	4,93	26,04	27,29	15,2	3	3,42	25,90	26,70	119,7
	20	3	5,40	27,14	27,60	44,8	3	3,56	24,42	26,25	16,5	3	2,39	24,38	25,61	128,7
	25	3-4	4,30	26,28	26,78	46,2	3-4	2,67	23,39	25,49	14,8	3-4	1,77	23,29	24,99	133,4
	31	3-4	3,57	25,64	26,07	47,8	3-4	2,12	23,11	24,94	14,4	3-4	1,46	23,10	24,62	139,9

Weitere Informationen befinden sich in den Abschnitten 4.2.2 und 4.2.4.3.

Tabelle B.3
MPEG-1 (Veränderung des Suchbereichsdurchmessers)

			GOP2					GOP3					GOP4				
	Q-Faktor	Suchbereichsdurchmesser	subjektive Qualität	Kompression (%)	SNR min	SNR ø	Rechenzeit (s)	subjektive Qualität	Kompression (%)	SNR min	SNR ø	Rechenzeit (s)	subjektive Qualität	Kompression (%)	SNR min	SNR ø	Rechenzeit (s)
bunny	1	0	1	19,65	40,87	41,17	41,4	1	31,96	41,28	43,61	28,2	1	21,69	41,24	42,11	34,8
	1	15	1	19,54	40,93	41,20	129,4	1	31,95	41,28	43,63	49,9	1	21,72	41,24	42,12	87,6
	10	0	-	2,63	33,50	34,63	36,3	-	4,74	36,40	36,86	23,5	-	3,14	33,59	35,23	29,8
	10	15	-	2,72	33,48	34,62	124,0	-	4,74	36,22	36,80	45,1	-	3,24	33,61	35,21	82,4
	20	0	-	1,37	30,55	31,91	35,0	-	2,07	33,28	33,81	21,5	-	1,55	30,85	32,45	28,6
	20	15	-	1,47	30,59	31,90	122,9	-	2,06	33,05	33,74	43,2	-	1,64	30,74	32,41	81,1
	31	0	2-3	1,08	28,75	30,39	34,7	2-3	1,21	31,10	31,77	20,5	2-3	1,11	28,59	30,73	27,9
	31	15	2-3	1,18	28,71	30,36	122,6	2-3	1,21	30,80	31,67	42,1	2-3	1,19	28,63	30,72	80,4
clip	1	0	1	21,54	39,53	39,72	40,3	1	32,97	39,77	42,19	27,9	1	23,43	39,68	40,46	34,2
	1	15	1	21,47	39,54	39,73	122,4	1	32,91	39,77	42,21	45,3	1	23,37	39,66	40,51	77,8
	10	0	-	3,02	31,64	32,76	35,4	-	5,23	34,21	34,94	23,7	-	3,52	31,82	33,49	29,4
	10	15	-	3,02	31,64	32,73	117,5	-	5,16	34,15	34,88	41,1	-	3,50	31,85	33,46	73,1
	20	0	-	1,58	28,91	30,05	34,1	-	2,32	31,18	31,82	22,0	-	1,78	29,40	30,72	28,1
	20	15	-	1,61	28,85	30,01	116,2	-	2,27	31,14	31,76	39,3	-	1,79	29,40	30,68	71,7
	31	0	3	1,21	26,85	28,43	33,7	3	1,42	29,07	29,83	20,8	3	1,28	27,53	29,01	27,5
	31	15	3	1,25	26,69	28,38	115,7	3	1,39	28,99	29,78	38,2	3	1,30	27,52	28,99	71,1
kicker	1	0	1	34,60	39,32	39,58	48,5	1	50,69	39,57	42,16	30,8	1	37,92	39,46	40,34	37,9
	1	15	1	33,98	39,34	39,62	106,1	1	50,29	39,57	42,27	45,8	1	37,34	39,45	40,43	73,0
	10	0	-	6,44	30,79	31,80	43,3	-	12,41	33,29	33,95	26,3	-	7,86	30,80	32,35	32,6
	10	15	-	6,07	30,80	31,80	100,4	-	12,00	33,21	33,87	41,3	-	7,46	30,80	32,36	67,7
	20	0	-	2,82	27,94	28,89	41,3	-	6,07	29,62	30,40	24,7	-	3,67	27,73	29,37	30,9
	20	15	-	2,62	27,96	28,98	98,5	-	5,77	29,57	30,34	39,4	-	3,44	27,74	29,41	66,0
	31	0	3	1,84	25,98	27,52	40,6	3	3,57	27,51	28,27	23,3	3	2,34	25,83	27,74	30,1
	31	15	3	1,73	25,97	27,66	98,1	3	3,33	27,48	28,19	38,1	3	2,19	25,81	27,77	65,2

-: nicht bewertet

Die subjektive Bildqualität wurde ausschließlich in den Grenzfällen Q=1 und Q=31 bewertet. Im Gegensatz zum PVRG-H.261-Codec unterstützt der PVRG-MPEG-1-Codec nur einen maximalen Suchbereichsdurchmesser von 15 Pixel. Weitere Informationen befinden sich in Abschnitt 4.2.3.

Tabelle B.4
MPEG-1 (Veränderung des Q-Faktors)

Video	Q-Faktor	GOP1 subj. Qualität	GOP1 Kompression (%)	GOP1 SNR min	GOP1 SNR ∅	GOP1 Rechenzeit (s)	GOP2 subj. Qualität	GOP2 Kompression (%)	GOP2 SNR min	GOP2 SNR ∅	GOP2 Rechenzeit (s)	GOP3 subj. Qualität	GOP3 Kompression (%)	GOP3 SNR min	GOP3 SNR ∅	GOP3 Rechenzeit (s)	GOP4 subj. Qualität	GOP4 Kompression (%)	GOP4 SNR min	GOP4 SNR ∅	GOP4 Rechenzeit (s)
bunny	1	1	31,17	41,09	41,25	45,4	1	19,54	40,90	41,19	84,0	1	31,96	41,28	43,62	40,5	1	21,71	41,24	42,12	61,5
bunny	5	1	15,84	41,87	42,14	43,8	1-2	5,95	36,31	37,48	80,5	1	17,78	41,13	41,78	38,5	1	8,62	36,38	38,69	58,4
bunny	10	1-2	7,27	38,05	38,39	42,3	2	2,69	33,48	34,63	78,5	1-2	4,74	36,24	36,80	35,6	1-2	3,22	33,62	35,21	56,3
bunny	15	2	5,59	36,63	36,99	41,7	2	1,85	31,64	32,97	77,7	2	3,09	34,68	35,22	34,4	2	2,19	31,77	33,57	55,5
bunny	20	2	4,16	35,19	35,49	41,3	2	1,45	30,53	31,90	77,4	2	2,06	33,05	33,74	33,5	2	1,63	30,77	32,41	54,9
bunny	25	2	3,70	34,48	34,81	41,2	2-3	1,28	29,67	31,10	77,2	2-3	1,63	32,19	32,94	33,0	2-3	1,39	29,83	31,65	54,6
bunny	31	2	3,18	33,57	33,94	41,0	3	1,15	28,71	30,37	77,0	3	1,21	30,88	31,69	32,5	2-3	1,17	28,65	30,72	54,4
clip	1	1	33,53	39,58	39,82	41,5	1	21,45	39,53	39,73	76,9	1	32,91	39,77	42,20	37,5	1	23,35	39,68	40,50	55,5
clip	5	1	17,84	39,87	40,42	39,6	2	6,72	34,30	35,65	74,0	2	18,96	39,75	40,24	36,0	2	9,40	34,39	36,92	52,5
clip	10	1-2	8,29	35,75	36,58	38,4	2	3,00	31,65	32,74	71,8	2	5,16	34,16	34,88	33,3	2	3,48	31,85	33,46	50,5
clip	15	2	6,41	34,25	35,14	38,0	2	2,04	30,06	31,10	70,9	2	3,38	32,55	33,24	32,2	2	2,40	30,42	31,88	49,5
clip	20	2	4,77	32,86	33,62	37,7	2	1,59	28,90	30,05	70,4	2-3	2,27	31,10	31,76	31,4	2-3	1,78	29,41	30,71	49,0
clip	25	2-3	4,23	32,19	32,90	37,6	3	1,38	27,66	29,20	70,1	2-3	1,83	30,34	30,97	30,8	2-3	1,53	28,51	29,90	48,7
clip	31	3	3,63	31,31	31,98	37,3	3	1,23	26,71	28,42	70,0	3-4	1,39	28,98	29,78	30,2	3	1,29	27,51	29,00	48,5
kicker	1	1	51,96	39,48	39,67	43,5	1	34,01	39,34	39,61	73,4	1	50,36	39,57	42,26	38,6	1	37,42	39,46	40,42	53,7
kicker	5	1	32,78	39,33	39,62	41,6	1	13,26	33,96	35,05	70,0	1	32,25	39,47	39,95	37,0	1	17,67	33,81	36,31	50,8
kicker	10	1-2	17,54	35,17	35,17	40,3	1-2	6,09	30,81	31,80	67,8	1-2	12,05	33,21	33,87	34,0	1-2	7,51	30,81	32,36	48,5
kicker	15	1-2	13,78	33,08	33,42	39,9	2	3,71	29,00	30,04	66,3	2	8,39	31,26	32,00	33,0	2	4,90	28,98	30,64	47,1
kicker	20	2	10,28	31,39	31,74	39,4	2-3	2,64	27,96	28,98	65,8	2-3	5,81	29,58	30,34	32,1	2	3,47	27,75	29,40	46,4
kicker	25	2-3	8,96	30,52	30,90	39,1	3	2,12	26,84	28,26	65,3	3	4,63	28,78	29,48	31,5	3	2,81	26,56	28,65	45,9
kicker	31	2-3	7,44	29,51	29,89	38,7	3	1,74	26,00	27,65	65,3	3	3,36	27,49	28,20	30,8	3	2,20	25,79	27,76	45,7

Weitere Informationen befinden sich in den Abschnitten 4.2.3 und 4.2.4.

	INTER_0					INTER_30				
	Datenrate (Bit/s)	SNR min	SNR ø	Zeit (s)	Over-flow	Datenrate (Bit/s)	SNR min	SNR ø	Zeit (s)	Over-flow
bunny	157 300	25,62	26,72	12,9	410	190 333	25,82	26,54	128,6	307
bunny	173 030	26,17	26,94	13,1	0	209 366	25,82	26,56	128,7	0
bunny	230 302	26,94	28,15	14,4	0	253 332	26,89	27,70	126,0	0
bunny	253 332	27,39	28,53	14,6	0	278 665	27,56	28,28	124,9	0
bunny	874 564	32,64	33,41	15,7	0	874 564	32,91	33,34	117,2	0
bunny	962 020	33,02	33,79	15,8	0	962 020	33,38	33,74	117,2	0
bunny	2 744 749	36,92	37,52	18,0	0	2 062 172	36,64	36,95	118,4	0
bunny	3 019 223	37,11	37,73	18,2	0	2 268 389	37,09	37,33	118,2	0
clip	209 366	21,73	24,62	13,4	604	173 030	19,92	23,45	119,0	2 023
clip	230 302	24,67	25,24	14,1	0	190 333	24,32	24,84	118,4	0
clip	448 791	26,76	27,49	14,9	0	337 184	26,53	27,34	112,4	0
clip	493 670	27,27	27,91	15,3	0	370 902	27,13	27,82	111,0	0
clip	1 704 275	32,79	33,45	16,8	0	1 164 044	32,69	33,08	101,3	0
clip	1 874 702	33,30	33,85	17,1	0	1 280 448	33,18	33,53	100,7	0
clip	5 348 734	36,71	37,14	19,2	0	3 019 223	36,76	37,23	100,6	0
clip	5 883 607	37,15	37,45	20,1	0	3 321 145	37,11	37,56	100,7	0
kicker	657 074	23,85	24,75	14,4	314	370 902	23,53	24,53	137,2	264
kicker	722 781	23,83	25,00	14,7	0	407 992	23,65	24,59	136,7	0
kicker	1 704 275	26,67	27,78	16,2	0	1 549 341	26,74	28,22	113,4	0
kicker	1 874 702	27,04	28,18	16,5	0	1 704 275	27,36	28,65	112,4	0
kicker	4 862 486	32,28	33,66	18,4	0	4 420 442	32,82	34,07	107,6	0
kicker	5 348 734	33,04	34,31	18,6	0	4 862 486	33,37	34,72	107,7	0
kicker	12 612 028	34,46	36,97	20,5	0	11 465 480	35,75	37,80	108,8	0
kicker	13 873 230	37,58	39,45	21,6	0	12 612 028	37,01	39,57	108,7	0

Tabelle B.5
H.261 (Veränderung der Datenrate)

Weitere Informationen befinden sich in den Abschnitten 4.3.1 und 4.3.2.

Tabelle B.6
MPEG-1 (Veränderung der Datenrate)

	GOP1					GOP2				
bunny	407 992	30,93	31,61	40,5	983	50 532	27,94	29,64	77,3	385
	448 791	30,93	31,67	40,3	0	55 585	27,94	29,64	77,3	0
	-	-	-	-	-	-	-	-	-	-
	795 059	32,46	33,35	40,5	0	1 058 222	32,51	35,48	79,5	0
	874 564	33,05	33,86	40,7	0	1 164 044	33,01	35,87	79,7	0
	1 704 275	36,26	37,09	41,2	0	4 018 584	36,36	40,23	82,8	0
	1 874 702	37,02	37,63	41,2	0	4 420 442	37,41	40,73	83,3	0
clip	493 670	28,71	29,67	36,8	1 250	73 982	26,42	27,71	70,7	277
	543 037	28,71	29,73	36,5	0	81 380	26,42	27,71	70,5	0
	-	-	-	-	-	370 902	26,78	28,99	70,8	0
						407 992	27,20	29,42	70,8	0
	1 704 275	32,83	34,52	37,4	0	4 018 584	32,55	38,08	75,9	0
	1 874 702	33,29	35,02	37,5	0	4 420 442	33,44	38,51	76,0	0
	4 862 486	36,46	39,70	39,0	0	20 311 794	36,61	37,52	161,2	0
	5 348 734	37,32	39,97	38,9	0	22 342 973	37,04	37,90	166,2	0
kicker	1 164 044	26,65	27,60	37,8	2 636	1 90 333	24,89	26,48	65,5	153
	1 280 448	26,87	27,84	37,8	0	209 366	24,89	26,48	65,3	0
	-	-	-	-	-	1 408 492	26,56	30,09	67,4	0
	1 408 492	27,22	28,17	38,3	0	1 549 341	27,09	30,47	67,3	0
	5 348 734	32,72	35,11	39,8	0	7 831 079	32,60	34,64	72,8	0
	5 883 607	33,23	35,27	39,8	0	8 614 186	33,34	34,62	76,3	0
	12 612 028	36,95	37,33	49,8	0	27 034 997	36,90	37,59	165,4	0
	13 873 230	37,55	37,96	54,3	0	29 738 496	37,11	37,71	177,9	0

	Datenrate (Bit/s)	min SNR	ø	Zeit (s)	Over-flow	Datenrate (Bit/s)	min SNR	ø	Zeit (s)	Over-flow
bunny	-	-	-	-	-	-	-	-	-	-
	98 469	27,38	28,97	31,6	0	119 146	27,51	29,32	54,3	0
	657 074	32,65	34,06	33,7	0	1 164 044	32,98	35,75	57,2	0
	722 781	33,03	34,37	33,9	0	1 280 448	33,33	36,09	57,5	0
	2 268 389	36,96	38,38	36,6	0	4 420 442	36,43	40,39	60,2	0
	2 495 227	38,05	38,74	36,7	0	4 862 486	37,07	40,84	60,4	0
clip	-	-	-	-	-	31 379	25,89	27,47	48,6	34
	131 060	25,82	27,14	29,5	0	34 516	25,89	27,47	48,3	0
	306 531	26,95	28,84	30,2	0	278 665	26,11	28,23	48,8	0
	337 184	27,35	29,22	30,2	0	306 531	27,00	28,57	48,7	0
	2 062 172	32,66	35,83	33,7	0	2 268 389	32,65	36,16	52,4	0
	2 268 389	33,33	36,21	33,8	0	2 495 227	33,27	36,51	52,4	0
	10 423 164	36,74	38,00	56,3	0	20 311 794	36,60	38,28	130,6	0
	11 465 480	37,15	38,32	63,2	0	22 342 973	37,00	38,60	140,5	0
kicker	173 030	24,45	25,73	29,3	651	157 300	24,63	26,08	45,6	252
	190 333	24,45	25,73	29,3	0	173 030	24,63	26,08	45,6	0
	962 020	26,96	28,32	30,6	0	1 058 222	26,55	29,20	46,5	0
	1 058 222	27,24	28,56	30,9	0	1 164 044	27,06	29,57	46,8	0
	7 119 163	32,86	35,20	35,2	0	7 119 163	32,50	34,85	51,7	0
	7 831 079	33,41	35,38	35,5	0	7 831 079	33,07	34,89	52,9	0
	12 612 028	36,04	37,38	48,7	0	27 034 997	36,92	38,31	143,8	0
	13 873 230	37,00	38,00	53,6	0	29 738 496	37,23	38,52	158,6	0
	GOP3					GOP4				

-: nicht feststellbar

Weitere Informationen befinden sich in den Abschnitten 4.3.1 und 4.3.2.

C Mathematische Definitionen

Die Definitionen A.1 bis A.6 sind [LoMaRi], A.7 ist [For], und A.8 ist [Rud] entnommen. Der Satz A.9 wurde [GrZiZi] entnommen.

Definition C.1 *Für eine Funktion $f \in L^2(\mathbb{R})$ heißt die Zahl*

$$\int_{\mathbb{R}} f(x)\,dx$$

der Erwartungswert *von f.*

Definition C.2 *Die* Fourier-Transformierte *$\hat{f}$ einer Funktion $f \in L^2(\mathbb{R})$ ist durch*

$$\hat{f}(\omega) := (2\pi)^{-1/2} \int_{\mathbb{R}} f(x)\,e^{-ix\omega}\,dx$$

für alle $\omega \in \mathbb{R}$ gegeben.

Definition C.3 *Eine Funktion $\psi \in L^2(\mathbb{R})$, welche die Bedingung*

$$0 < 2\pi \int_{\mathbb{R}} \frac{|\hat{\psi}(\omega)|^2}{|\omega|}\,d\omega < \infty$$

erfüllt, heißt Wavelet.

Definition C.4 *Ein Wavelet ψ heißt* orthogonales Wavelet, *wenn es die Bedingung*

$$<\psi_{j,k}, \psi_{l,m}> = \int_{\mathbb{R}} \psi_{j,k}(x)\,\psi_{l,m}(x)\,dx = \begin{cases} 1, & \text{für } j = k = l = m \\ 0, & \text{sonst} \end{cases}$$

für alle j, k, l, $m \in \mathbb{Z}$ erfüllt. Hierbei sind die Funktionen $\{\psi_{j,k}\}_{j,k\in\mathbb{Z}}$ wie auf Seite 55 definiert.
Eine Menge von Funktionen aus $L^2(\mathbb{R})$, die diese Bedingung paarweise erfüllen, heißen orthonormal.

Definition C.5 *Eine* Multi-Skalen-Analyse *des $L^2(\mathbb{R})$ ist eine aufsteigende Folge abgeschlossener Unterräume $V_m \subset L^2(\mathbb{R})$*

$$\{0\} \subset \ldots V_2 \subset V_1 \subset V_0 \subset V_{-1} \subset V_{-2} \subset \ldots \subset L^2(\mathbb{R}),$$

so daß gilt:

$$\overline{\bigcup_{m\in\mathbb{Z}} V_m} = L^2(\mathbb{R})$$

$$\bigcap_{m\in\mathbb{Z}} V_m = \{0\}$$

$$f(\cdot) \in V_m \quad \Leftrightarrow \quad f(2^m\cdot) \in V_0$$

Es gibt eine Funktion $\phi \in L^2(\mathbb{R})$, *deren ganzzahlige Translate eine Riesz-Basis von* V_0 *erzeugen, d. h.*

$$V_0 = \overline{span\{\phi(\cdot - k)|k \in \mathbb{Z}\}}$$

und

$$A \sum_{k\in\mathbb{Z}} c_k^2 \leq \left\| \sum_{k\in\mathbb{Z}} c_k\, \phi(\cdot - k) \right\|_{L^2}^2 \leq B \sum_{k\in\mathbb{Z}} c_k^2$$

für alle $\{c_k\}_{k\in\mathbb{Z}} \in l^2(\mathbb{Z})$. *Es bezeichnen A und B positive Konstanten.* ϕ *heißt* Skalierungsfunktion.

Definition C.6 *Eine Skalierungsfunktion* ϕ *heißt* orthogonale Skalierungsfunktion, *wenn die von* ϕ *erzeugte Riesz-Basis orthonormal ist.*

Definition C.7 *Das Tupel* (X, d) *heißt* metrischer Raum, *wenn X eine Menge und* $d : X \times X \to \mathbb{R}$ *eine Metrik ist, d. h. für alle* $a, b, c \in X$ *gelten:*

(i) $d(a, b) \geq 0$

(ii) $d(a, b) = 0$ *genau dann, wenn* $a = b$

(iii) $d(a, b) = d(b, a)$

(iV) $d(a, c) \leq d(a, b) + d(b, c)$

Definition C.8 *Ein metrischer Raum* (X, d) *heißt* vollständig, *wenn jede Cauchy-Folge aus X in X konvergiert.*

Satz C.9 (Fixpunktsatz von Banach) *Seien* (X, d) *ein vollständiger metrischer Raum und* $W : X \to X$ *eine kontrahierende Abbildung mit Kontraktionskonstante* $0 \leq s < 1$. *Dann besitzt W genau einen Fixpunkt f in X und es gelten:*

(i) $\lim_{v\to\infty} W^v(x) = f$ *für alle* $x \in X$.

(ii) $d(W^v(x), f) \leq \frac{s^v}{1-s} d(W(x), x)$ *für alle* $x \in X$, $v \in \mathbb{N}$.

D Abkürzungen

CCC	Color Cell Compression
CCIR	International Radio Consultative Committee
CCITT	International Telegraph and Telephone Consultative Committee
CD-i	CD interaktiv
CIF	Common Intermediate Format
CLUT	Color Lookup Table
Codec	Codierer/Decodierer
CPS	Constrained Parameter Set
CYMK	Cyan, Yellow, Magenta, Black
DCT	Diskrete Cosinus-Transformation
DPCM	Differential Pulse Code Modulation
dpi	Dots per Inch
DWT	Diskrete Wavelet-Transformation
FIFO	First In First Out
GOB	Group Of Blocks
GOP	Group Of Pictures
HDTV	High Definition TV
IDCT	Inverse Diskrete Cosinus-Transformation
IEC	International Electrotechnical Commission
IFS	Iterated Function System
ISDN	Integrated Services Digital Network
ISO	International Organization of Standardization
ITU	International Telecommunication Union
ITU-R	ITU Radiocommunication Standardization Sector
ITU-T	ITU Telecommunication Standardization Sector
JPEG	Joint Picture Experts Group
KBit	2^{10} Bit
kBit	10^3 Bit
M-JPEG	Motion-JPEG
MBit	2^{20} Bit
MPEG	Moving Pictures Experts Group
PAL	Phase Alternation Line
Pel	Picture Element
Pixel	Picture Element

ppm	Pictures per Minute
Q-Faktor	Quantisierungsfaktor
QCIF	Quarter Common Intermediate Format
RGB	Red-Green-Blue
SIF	Standard Interchange Format
SNR	Signal-to-Noise-Ratio
VLC	Variable Length Code
vs.	versus
XCCC	eXtended Color Cell Compression

E Bezeichnungen

$\forall$	für alle
W^v	v-maliges Anwenden der Abbildung W
$\lvert\cdot\rvert_2$	euklidische Norm
$\emptyset$	leere Menge
$\mathbb{N}$	Menge der natürlichen Zahlen $\{1, 2, \ldots\}$
$\mathbb{R}$	Menge der reellen Zahlen
$\mathbb{Z}$	Menge der ganzen Zahlen
A^T	die zu A transponierte Matrix
$L^2(\mathbb{R})$	$L^2(\mathbb{R}) := \{f : \mathbb{R} \to \mathbb{R} \mid \int_{\mathbb{R}} f^2(x)\, dx < \infty\}$
$M_8(\mathbb{R})$	Raum der reellen 8×8-Matrizen
$\mathcal{O}$	Landau-Symbol

Literaturverzeichnis

[AlPa]   M. Ali und C. Papadopoulos. *The Use Of Fractal Theo-
           ry In A Video Compression System.* Data Compression
           Conference, IEEE Computer Society, S. 259 - 268, 1992

[Ans]   L. Anson. *Fractal Image Compression.* In: BYTE, S. 195
           - 202, Band 18, Nr. 11, Oktober 1993

[Api]   S. Apiki. *Compressing With Fractals.* In: BYTE, S. 95
           - 96, Band 18, Nr. 5, Sonderausgabe im Frühling 1993

[BaHu]   M. F. Barnsley und L. P. Hurd. *Fractal Image Compres-
           sion.* AK Peters, Ltd., Wellesley, MA, 1993

[Bli]   J. F. Blinn. *What's The Deal With The DCT?* In: IEEE
           Computer Graphics And Applications, S. 78 - 82, Band
           13, Nr. 4, Juli 1993

[Buck]   J. Buck. *Komprimierte Bewegung.* In: MC (Computer-
           zeitschrift), S. 114 - 123, 14. Jahrgang, April 1994

[Cla]   R. J. Clarke. *Transform Coding Of Images.* In: Ortho-
           gonal Transforms For Image Coding, Academic Press,
           1985

[Dau]   I. Daubechies. *Ten Lectures On Wavelets.* SIAM CBMS-
           61, Philadelphia, 1992

[EfLa1]   W. Effelsberg und B. Lamparter. *Formate und Proto-
           kolle zur digitalen Bewegtbildübertragung.* Seminarband
           des Lehrstuhls für Praktische Informatik IV, Universität
           Mannheim, Sommersemester 1991

[EfLa2]   W. Effelsberg und B. Lamparter. *eXtended Color Cell
           Compression.* In: Lecture Notes in Computer Science
           868 – Multimedia: Advanced Teleservices And High-
           Speed Communication Architectures, Springer-Verlag,
           S. 181 - 190, IWACA 1994

[EfKe1]   W. Effelsberg und R. Keller. *Multimedia-Systeme – State of the Art.* Seminarband des Lehrstuhls für Praktische Informatik IV, Universität Mannheim, Wintersemester 1992/93

[EfKe2]   W. Effelsberg und R. Keller. *Multimedia Technologie.* Seminarband des Lehrstuhls für Praktische Informatik IV, Universität Mannheim, Sommersemester 1994

[Fish]   Y. Fisher. *Fractal Image Compression: Theory and Application.* Springer-Verlag, 1994

[For]   O. Forster. *Analysis 2.* 5. Auflage, Vieweg Verlag, 1984

[GaGy]   G. Gabor und Z. Györfi. *Recursive Source Coding – A Theory For The Practice Of Waveform Coding.* Springer-Verlag, 1986

[Gal]   D. Le Gall. *MPEG: A Video Compression Standard For Multimedia Applications.* In: Communications Of The ACM, S. 46 - 58, Band 34, Nr. 4, 1991

[Gra]   T. Grams. *Codierungsverfahren.* B. I.-Wissenschaftsverlag, Band 625, 1986

[GrZiZi]   G. Grosche, V. Ziegler und D. Ziegler. *Ergänzende Kapitel zu Bronstein-Semendjajew – Taschenbuch der Mathematik.* 3. Auflage, Teubner Verlag, 1984

[H.261]   *Video Codec For Audio Visual Services At px64 kbits/s CCITT Recommendation H.261.* International Telecommunication Union, 1990

[Ham]   R. W. Hamming. *Information und Codierung.* VCH, Weinheim, 1987

[HeQu]   W. Heise und P. Quattrocchi. *Informations- und Codierungstheorie.* Springer-Verlag, 2. Auflage, 1989

[HiJaSe1]   A. Sengupta, M. Hilton und B. Jawerth. *A Computationally Fast Wavelet Based Video Coding Scheme.* In: Digital Video Compression On Personal Computers: Algorithms And Techniques, S. 152 - 157, A. A. Rodriguez, ed. , Proc. SPIE 2187, Bellingham, Washington, 1994

[HiJaSe2]   M. L. Hilton, B. D. Jawerth und A. Sengupta. *Compressing Still and Moving Images with Wavelets.* In: Multimedia Systems, S. 218 - 227, Band 2, Nr. 5, Springer-Verlag, Dezember 1994

[HiLe]   D. S. Hirschberg, D. A. Lelewer. *Data Compression*. In:
           ACM Computing Surveys, S. 261 - 296, Band 19, Nr. 3,
           September 1987

[Huf]   D. Huffman. *A Method For The Construction Of Mini-
           mum Redundancy Codes*. S. 1098 - 1101, Proc. IRE 40,
           1952

[Jain]   A. K. Jain. *Fundamentals of Digital Image Proces-
           sing*. Prentice Hall, 1989

[JPEG]   *Information Technology – Digital Compression and Co-
           ding of Continuous-Tone Still Images*. International
           Standard ISO/IEC IS 10918, 1993

[KnLe]   A. S. Lewis und G. Knowles. *Video Compression Using
           3D Wavelet Transforms*. In: Electronic Letters, S. 396 -
           398, Band 26, Nr. 6, März 1990

[Lai]   A. F. Laine. *Mathematical Imaging: Wavelet Applicati-
           ons In Signal And Image Processing*. Bellingham, Wa-
           shington, 1993

[Lim]   J. S. Lim. *Two-Dimensional Signal And Image Proces-
           sing*. Prentice Hall, 1990

[Limb]   J. O. Limb. *Distortion Criteria Of The Human View-
           er*. In: IEEE Transactions On System, Man And Cyber-
           netics, S. 778 - 793, Band 9, Dezember 1979

[Liou]   M. Liou. *Overview Of The px64 kbit/s Video Coding
           Standard*. In: Communications Of The ACM, S. 59 - 63,
           Band 34, Nr. 4, 1991

[LoMaRi]   A. K. Louis, P. Maaß und A. Rieder. *Wavelets*. Teubner
           Studienbücher, 1994

[Mal]   S. G. Mallat. *A Theory For Multiresolution Signal De-
           composition: The Wavelet Representation*. In: IEEE
           Transactions Of Pattern Analysis And Machine Intel-
           ligence, S. 674 - 693 Band 11, Nr. 7, 1989

[MPEG1]   *Information Technology – Coding of Moving Pictures
           And Associated Audio For Digital Storage Media up to
           about 1.5 MBit/s*. International Standard ISO/IEC IS
           11172, 1993

[MPEG2]   *Information Technology – Generic Coding of Moving
           Pictures And Associated Audio*. Draft International
           Standard ISO/IEC DIS 13818, 1994

[PeMi]   W. B. Pennebaker und J. C. Mitchell. *JPEG Still Image Data Compression Standard*. Van Nostrand Reinhold, 1992

[PePeMoPe] H. A. Peterson, H. Peng, J. H. Morgan und W. B. Pennebaker. *Quantization Of Color Image Components In The DCT Domain*. In: Proc. SPIE, S. 210 - 222, 1991

[PVRG1]   A. C. Hung. *PVRG-P64 CODEC 1.1*. Programmdokumentation des PVRG-P64 Codecs, Stanford University, 1993

[PVRG2]   A. C. Hung. *PVRG-JPEG CODEC 1.1*. Programmdokumentation des PVRG-JPEG Codecs, Stanford University, 1993

[PVRG3]   A. C. Hung. *PVRG-MPEG CODEC 1.1*. Programmdokumentation des PVRG-MPEG-1 Codecs, Stanford University, 1993

[Roh]   K. Rohrbacher. *Chaos im Computer*. In: MC (Computerzeitschrift), Nr. 4, 14. Jahrgang, April 1994

[Rom]   S. Roman. *Coding And Information Theory*. Springer-Verlag, 1992

[RoMo]   A. A. Rodriguez und K. Morse. *Evaluating Video Codecs*. In: IEEE Multimedia, S. 25 - 33, 1994

[RoSm]   B. C. Smith und L. A. Rowe. *Algorithms For Manipulating Compressed Images*. In: IEEE Computer Graphics And Applications, S. 34 - 42, Band 13, Nr. 5, September 1993

[Rud]   W. Rudin. *Analysis*. Physik Verlag, Weinheim, 1980

[SaHa]   D. Saupe und R. Hamzaoui. *A Review Of The Fractal Image Compression Literature*. In: IEEE Computer Graphics And Applications, S. 268 - 276, Band 28, Nr. 4, November 1994

[Schu]   R.-H. Schulz. *Codierungstheorie – Eine Einführung*. Vieweg Verlag, 1991

[Stei]   B. Steinbrink. *Digital Video*. In: BYTE, S. 43 - 50, Band 19, Nr. 1, Januar 1994

[Stei1]   R. Steinmetz. *Data Compression In Multimedia Computing – Principles And Techniques*. In: Multimedia Systems, Springer-Verlag, S. 166 - 172, Band 1, Nr. 4, 1994

[Stei2]　　R. Steinmetz. *Data Compression In Multimedia Compu-ting – Standards And Systems.* In: Multimedia Systems, Springer-Verlag, S. 187 - 204, Band 1, Nr. 5, 1994

[Tei1]　　D. Teichner. *Der MPEG-2-Standard – MPEG-1 und MPEG-2: Universelle Werkzeuge für Digitale Video-und Audio-Applikationen (Teil 1).* S. 155 - 163, In: Fernseh- und Kino-Technik, 48. Jahrgang, Nr. 4, 1994

[Tei2]　　D. Teichner. *Der MPEG-2-Standard – Main Profile: Kern des MPEG-2-Video-Standards (Teil 2).* S. 227 - 237, In: Fernseh- und Kino-Technik, 48. Jahrgang, Nr. 5, 1994

[Wal]　　G. K. Wallace. *The JPEG Still Picture Compression Standard.* In: Communications Of The ACM, S. 30 - 45, Band 34, Nr. 4, 1991

[Way]　　P. Wayner. *Digital Video Goes Real-Time.* In: BYTE, S. 107 - 112, Band 719, Nr. 1, Januar 1994

Stichwortverzeichnis